Colored
Paper and
Fragrant Ink

紙色墨香——小孤桐軒珍藏花箋信札

劉鳳橋編

Precious Collection of Correspondence Written on Fancy Stationery by the Study Xiaogutongxuan

遼寧美術出版社

序一

陳振濂

經常有機會覓到一些前人尤其是清代名流的零箋斷楮，雖偶見單頁孤行，連語句文辭可能都讀不連貫，但喜其風雅而無造作之迹，有如我們常常逢着青銅器銘文或漢碑唐刻宋拓，即使是殘片斷截，無法句讀，仍會把玩再四而歡喜贊嘆。遼寧美術出版社計劃出版《紙色墨香——小孤桐軒珍藏花箋信札》，遥囑奉序以張之，遂有機緣得以遍觀其中一百五十多件名人尺牘。于我而言，長年治史積累，對其中所列清代名人非常熟悉；以人對書，以書覓人，尤其是看到一些經典式呈現，如對故人，可謂切于預期，心中大樂。

關于這批尺牘手札引起的學術聯想，粗略梳理，約有如下五題。

一　尺牘文化的提倡

從文化學立場上看，在中國文學史與中國書法史的宏大架構中，尺牘一直是一個非常特殊的所在。最初，它是一種純應用的目標——隨時隨地的日常交流，晨昏起卧，卑之無甚高論。

在中國文學史上，高居殿堂之上的是《詩經》《楚辭》《史記》，格律詩，駢文散文，詞曲猶居其後；而尺牘，幾乎完全游離于經典之外，爲人稱道者甚少。

而在中國書法史上，兩周青銅彝器銘文，秦漢豐碑巨額，簡牘帛書，直到唐宋元明清的長卷、條幅、中堂、斗方、對聯，名句名篇加『名家書法』，皆是書法專門的『鴻篇巨製』，至少是認真創作的産物。只有尺牘手札屬于信手而得，日常衣食，或許既不屬『認真』也非『創作』。過去依我們長期形成的習慣認知，尺牘手札的書法藝術顯然難登大雅之堂。但古人中之獨具慧眼者，則不以爲然。如宋初歐陽修《集古録跋尾·晋王獻之法帖》即于此有精闢之論曰：『蓋其初非用意，而逸筆餘興，淋漓揮灑，或妍或醜，百態横生。披卷發函，爛然在目。使人驟見驚絶，徐而視之，其意態愈無窮盡。故使後世得之，以爲奇翫，而想見其人也。至于高文大册，何嘗用此？』歐氏在理論上明確主張取尺牘古法帖之美，認爲其美有不遜于高文大册者，而不以小册小頁鄙之，這真是一代大師的格局。

正因如此，今天在大文化大藝術背景下看，『尺牘書法』似乎又可構成一個新的學術研究領域，而于宏觀的書法史則可求獲彌足珍貴的學術補益——换言之，今天我們對『尺牘書法文化』的主動提倡，顯然是一個新時代的新命題。

二　『書如其人』

中國書法創作與評價體系中，向來有一種道德至上的慣性認知原則：與其他藝術多重『藝飾』『示美』相比，書法是人的道德品質與精神風貌的最直接反映。所以，古來『人品』等于『書品』的歸納總結，雖然人人認爲有明顯疏漏之處，但却仍然時時以此爲談資樂此不疲。比如正面的評價有顔真卿、柳公權，包括後來的評價趙孟頫、評價王鐸、評價張瑞圖；乃至還有評價蔡京書法秦檜書法云云。最初的邏輯起點，多是正面的忠烈心正筆正，反面的失節者、貳臣、奸佞則不然。超簡單的『對號入座』思維方式，在價值觀層面上最容易符合大衆的心理預期與是非判斷。但反復檢討古代書法史遺存，重臣抗命的却綫條盈暢（如褚遂良），立身忠烈的却書風柔雅（如文天祥），性格固執的却用筆枯淡（如王安石），忠君直義慷慨赴死的却筆勢内卷（如黄道周、倪元璐）。當然，如果不糾結于『品』只限于社會政治倫理道德品質，而可以是歸于人生境界的品位、品格、品調、品級、品第、品性，那麽『人品』等于『書品』的因果邏輯，還是有一定的現實意義的。而在書法中，廟堂之上如國展這樣的大展中代表作式的重頭大件，因爲要刻意求好而『寫給别人看』，作者自然會用盡力氣做足筋骨反復修飾，從而可能會不一定『如其人』；但反過來，即使是大家宗師，其日常詩稿、交友尺牘，零筆點墨，也應該更見自然表達、更本真、更『如其人』。

——海量名人尺牘的存在，應該是『書如其人』傳統書法理論最理想的風格驗證平臺。

三　『名人堂』

《紙色墨香——小孤桐軒珍藏花箋信札》中的尺牘，寫作時間多爲從清代中期開始到清末。只看目録内容，粗略列出作者名字，熟悉清史者一定會感覺是踏進了名人堂。許多朝廷重臣、學術巨擘、著述大家，過去只在史籍上聞其名知其行，因當時没有照相術自然無法知其容貌，但現在有機會看這些名人都寫得一手好字，悠然神會，似乎已經如見其人了。并不是所有的書法傑作都出自名人之手。大量的青銅器銘文、漢碑石刻、竹木簡帛、六朝寫經，論起來都是傳世經典，但多没有署名款，更毋談名人款了。只有到了晋唐以後，書法家纔漸漸獲得社會認可；此後，『名人書法』『名人字畫』纔開始有了主流的地位。但即使是名人的書迹也不盡可以一路通行無阻，因爲名人也可能會有平庸之作、敷衍之作。此外，還有位高職尊的宰輔大臣等等，雖好舞文弄墨，且認真書寫并不敷衍，却水平一般。還有如明臺閣體、清館閣體的寫字式書法傳世作品，更有如康熙學董乾隆仿趙，書卷題跋畫作題詩，名固大矣，而多爲庸俗之作。所以，又需要辯證地看待『名人堂』所帶來的效應：名人之庸作，與『不名』即無名者的精作，皆須仔細分辨。這批尺牘中，有名人傑作，又有名不甚著者精心撰構之作，論書皆爲佳妙之品，論人則享大名者過半，這部尺牘集謂爲『名人堂』，不爲過也。

四　史事考證

尺牘是日常個人之事的記録，隨時隨地隨人隨事，觸手成章，即興而發，順勢而成。于事主個人而言，當時歷歷于數，數日後如過眼雲烟。但無論是慶生祝壽、求職托孤、娶媳嫁女、濟貧償賒、建屋分家，乃至論詩斟文、刻書鎸版、校勘正誤、遞藏易主；更有官場酬酢、賀升惜貶、結社吟唱、詩酒邀月、踏青賞花、疾病箋慰、起居問安，種種生活記録、心情起伏；四季寒暑之感，老耄歲除之嘆，均于尺牘書札見之。

還是歐陽修，談法帖有云：『所謂法帖者，其事率皆弔哀候病，叙睽離，通訊問，施于家人朋友之間，不過數行而已。』尺牘也是如此。看起來只是家長里短、柴米油鹽；但正是這記録日常的尺牘，却爲當時或後世的史實事記留下了踪迹或心緒，而令後人可以追迹考踪，可以確定其時何人在何處做何事。又可推度友朋之間相處的親疏厚薄、長幼倫序；可見其緩急遲速之企望，連袂隔域之斟酌；或更有直言求托與猶豫拘謹左右兩難欲言又止之攀仰携俯之各色態度。字裏行間，皆是人情世故『洞明』『練達』之進退有據。于尺牘文句中判明上下尊卑長幼親疏之人物關係，又進而尋繹出某一事件的前因後果來龍去脉主次直曲關係，從而可以百證匯聚，儘盡可能勾畫出某一具體事實的真實面相或以之對更重要更宏大的歷史事實之論述提供佐證，據此可以爲史著糾偏正謬；如此看來，尺牘所包含的最原始最本真的價值，豈可忽之哉？

五　書物形制風雅

書法作品的形式如長卷、中堂、條幅、對聯、匾額、斗方、扇面，均各有各的書寫規則。尺牘作爲一種書寫形式，也有它自己的講究。尤其是它關乎文辭語義的傳遞與人際交往的禮儀教養，遂有『書儀』之説。這方面有二項不可忽視之。一是尺幅中的書寫格式。這對于尺牘書法史研究而言，是最重要的藝術形式規範要求。比如漢至魏晋，對受信人不書名而在麻紙袋封上署對方名，在尺牘内頁起始頂格書己名，發信人爲誰一目了然。其後至唐宋時，則并行一種新『書儀』：發信人（主）之名仍處牘首第一行置頂，受信人（客）則列名于卷末另起一行并署『案前』『左右』『侍史』，自謙回避直達以免唐突冒失，再以後續低位署己（主）名曰『拜上』『躬叩』『謹具』等。今天的書信往來，則是元明清通行格式的簡約版：卷首署對方（客）名而卷尾署己（主）名。

這是尺牘文字起迄之儀格。至于行文中，凡遇尊長如祖父母、父母、上司長官，或空格或抬頭空行，以示恭敬。如遇叙述皇家之事，必空行頂格。而述己之名，則一行中避居右側只占半格。總之，必循彼尊此謙、彼上此下之禮。

二是稱呼文辭中的客與主、上與下。用辭各各不同，如遇長者，忌直呼其名以遺不恭、無學之嫌，而多稱表字、齋名、籍貫、官職以『迂回』而奉敬之。又動詞之用，亦必曲折迂回委婉以出之。這方面例子浩如烟海，舉不勝舉，姑從略。

凡于此數節『書儀』規矩能恪守、活用，必被視爲教養深厚、學殖豐贍。于此看這部《紙色墨香——小孤桐軒珍藏花箋信札》中的一百五十餘件飽學之士的尺牘，鄙以爲甚至可以將之取爲大致已失傳了的古之『書儀』學習樣本，以作爲傳統文化在人際關係與述事稱謂方面的典範。

當然，尺牘因其片頁單紙，小巧玲瓏，故在歷代飽學文士眼中，又是一個承載視覺美的理想所在。于是框格如標準的八行箋、烏絲欄朱絲欄甚至金箋銀箋，灑金漂銀，赭黃青朱，明黃粉翠，更豪華的還有木版水印中的餖版花箋，如民國時魯迅與鄭振鐸之自刻自創箋譜以作美賞把翫，幾乎是當時翰墨丹青與古文學之一大風景。以尺牘之空白書箋而竟成『譜』，非文人風雅不能有此奇思妙想也。

小結

《紙色墨香——小孤桐軒珍藏花箋信札》給我們帶來了極多的學術聯想，甚至還構成了關于尺牘書法主題學術框架的一次思想旅行。我以爲，在『展廳時代』氛圍籠罩下的當代書法界的大衆，大多關注于高堂大册、重軸聯屏，及築基于視覺愉悦的展覽效果，于『尺牘書法』相對漠然而且認爲此中并無太大名堂。但從書法藝術在由『技』（『書寫』過程與『用筆』行爲）到『藝』（追求視覺效果與結果即『終端呈現』）的大潮流中，在首先承認『技』是必不可少而『藝』肯定是終極目標的基礎上，尺牘書法并不僅限于一般平庸者所認知及所言的似乎只是平淡無奇的『日常書寫』那麽膚淺幼稚。倘若能祛此孤陋寡聞，能逐步發現尺牘書法的小世界裏竟有如此豐富的大學問大名堂，并義無反顧地癡迷之、投入之、發掘之、反復斟酌推敲之，對于我們塑造當代書法藝術發展大格局，對于『中華傳統文化現代化』的新時代發展目標，肯定會形成前所未見的新的推動力。

是爲序。

二〇二三年十月三十日赴香港前一日擬稿

序二

王鵬

鳳橋兄的尺牘藏品集《紙色墨香——小孤桐軒珍藏花箋信札》即將付梓。這部雅書集納了清代劉墉、錢大昕至近現代黄遵憲、茅盾等三百年來一百五十餘位文人學者、達官顯宦的墨寶約兩百通，體量之大，史料之珍，書法之美，設計之精，均難得一見，令人刮目相看！而更讓人拍案叫絶的，是書中所收録的這些信札基本都是面貌各具的花箋，精彩紛呈，美不勝收！這不僅是這部書最大的亮點、特色，也是鳳橋兄收藏標準、品位的集中體現。此書問世，更是對信札收藏的一份巨大貢獻！據我所知，近五十年來，以公私收藏出版的信札類圖書不下百種，其中對入選信札所用箋紙要求很高、盡數爲花箋的不過二三部。就私人收藏而言，鳳橋兄的這部《紙色墨香》與我幾年前所編之《花箋染翰》可謂姊妹篇。這是此書名曰《紙色墨香》的由來，亦是我要由衷地對鳳橋兄表示祝賀和敬意的地方。

早在信札甄選揀擇之際，鳳橋兄和出版社就約我爲此書作序。照實説，接到邀約，我是頗忐忑的。鳳橋兄才兼文武，胸次磊落，卓然不凡，給他的書作序，文字須能配得上他的氣質格局纔行。我自感才弱筆拙，萬難勝任，但又不耐盛情，只能勉力爲之。即使這樣，也只怕真要佛頭着糞，辜負鳳橋兄和出版社的一番美意了。

我和鳳橋兄相識，大約在二十年前。彼時，瀋陽的萬卷出版公司相繼出版了幾部收藏類圖書，其中就有鳳橋兄編著的《清及近現代名人書法與辯僞》和《章士釗師友翰墨》。社中朋友知我喜愛收藏，送了我一套，還告訴我作者藏有不少章士釗先生的墨迹及相關文獻，該書所收録的只是他收藏中的一部分。其時，全國收藏文人學者墨迹之風剛剛興起，鳳橋兄眼光超前，已取得這樣的成就，令我心生敬佩，迫切想要結識他。出版社朋友介紹鳳橋兄只是收藏愛好者，但從他的著作中我看得出，其專項收藏的規模已超過很多專業人士，并且他對藏品的見解之深刻，也非尋常愛好者可比。之後不久，在朋友的安排下，我和鳳橋兄見面了。

在我的想象中，鳳橋兄當是清癯古雅，像章士釗先生一樣的文弱書生。但見面之後，竟全然是另一派風采：臉龐棱角分明，目光凌厲冷峻，談吐直爽痛快，一眼看去，就是一個可以託六尺之孤寄百里之命的俠義之士。進一步懇談，發現鳳橋兄專注的傾聽中還飽含敏鋭深刻的洞察力，雋爽的談吐中則洋溢着滿滿的書卷氣。我們一見如故，很快成了無話不談的好友。隨着深入接觸和瞭解，我越發深切地體會到，鳳橋兄就是這樣一個『矛盾』的人，他堅毅果敢的風格中，深埋着一顆温柔敦厚、活潑靈動的文心。這也許和鳳橋兄特殊的人生經歷有關吧。他年少從軍，戎裝相屬。因文筆優異，很快在軍中脱穎而出，成爲一名軍事記者，隨後做了報社領導，再後來榮任宣傳文化中心主任。無論是經文還是從政，都有優異表現，深得官兵愛戴。長期的軍旅生活，養成了鳳橋兄嚴肅認真、果敢堅强的作風和卓爾不凡的執行力，使他能够超越一般愛好者的局限，把業餘愛好提升到專業收藏的水準。他知識淵博，眼光獨到，經常在拍場中慧眼識珠，見人所未見，覓得心儀之物。鳳橋兄每得一物，必鈎沉索隱，發潛探幽，是真正的研究型收藏家。《顧大申自訂年譜手稿》（國家圖書館出版社二〇一六年版）、《嚴復家書》（商務印書館二〇二〇年版）、《嚴林心畫》（黄山書社二〇二一年版）、《中國近現代文化名人遺墨》（中國方正出版社二〇一三年版）以及正在撰寫并已形成規模的《來燕堂硯話》等這些著作，是他作爲一名研究型收藏家的最好證明。此外，鳳橋兄還是簡社的發起人和領導者。可以説，他對收藏文化的發展是做出了特殊貢獻的。

這裏，我還想特别介紹鳳橋兄與著名學者吴小如先生的交往。鳳橋兄從瀋陽調入北京工作後，結識了吴小如先生，深得先生賞識。在吴先生生前及逝後，鳳橋兄爲其整理編輯出版了《吴小如手録宋詞》、《吴小如録書齋聯語》、《吴小如書法選》、《吴小如紀念文集》（上下編）等多部圖書，這不僅是鳳橋兄對先生敬仰之情的表達，更是他對文化正脉的一種有力傳承！其間有對恩師的情義在，有對文化的情懷在，也有鳳橋兄作爲一名軍人、一位學人對社會的一份擔當責任在！這和他的收藏一樣，并非像某些人曲解的賺幾兩碎銀那樣膚淺庸俗，而是有一種對國家、民族的大愛在焉！正是有了這份愛，我們和我們的子孫後代纔能看到這部精美的雅書，感受到中國文化長久迷人的魅力！這是任何人都無法否認的！這也是我借鳳橋兄大著出版之際，想對收藏界的朋友説的幾句心裏話！

最後，以拙詩一首恭喜鳳橋兄新著問世，并希望像鳳橋兄這樣的收藏家越來越多！

恭從驥尾序應難，喜報文書又輯刊。
鳳老孤桐馨永味，橋通大道發清翰。
新裁尺牘情惟實，著述樞機韻未殘。
問取滄桑文札事，世人切莫等閑看。

癸卯中秋于鵬城寄梅堂

代序

信札收藏之我見

劉鳳橋

在電話等現代通信工具普及之前，書信是人與人之間傳遞資訊、交流思想與情感的重要工具，而且不分國界，全球通用。中國人寫信的歷史悠遠綿長。據説，最早的家書是雲夢睡虎地秦簡中兩個秦國士卒留下的兩片木牘。《文心雕龍》的《書記》篇中説，『漢來筆札，辭氣紛紜』，司馬遷的《報任安書》、東方朔的《謁公孫弘書》、楊惲的《報孫會宗書》、揚雄的《答劉歆書》『志氣槃桓，各含殊采』，而且『杼軸乎尺素，抑揚乎寸心』。這點『寸心』，賦予了尺牘傳遞資訊的功能之外更邃遠深沉的境界。

孫丹妍在《古代名人手札越來越多進入人們的日常視野》一文中説：『魏晋時代越名教而任自然，自由的靈光隨處潑灑，人們在書信往還中不獨談學議政，更能述胸懷、叙離情、參玄幽、記遠遊……喜怒哀樂，無情不可以宣之于尺素，風花雪月，無景不可以展布于筆端，至此，書信終于不再是單純的應用文體，成了具有獨立地位、特殊風格的文學樣式。』我國留下來的最早的紙本法書墨寶，幾乎都是書信，像距今一千七百多年的西晋陸機的《平復帖》，就是陸機寫給友人的一封信。王羲之著名的《十七帖》，也是他寫給友人的諸多書信。如是看來，對書信的收藏，伴隨着書信的産生就開始了，甚至出現了很多專門的書信收藏家，歷朝歷代都有。

宋代歐陽修在《集古録》中説：『予嘗喜覽魏晋以來筆墨遺迹，而想前人之高致也。所謂法帖者，其事率皆吊哀、候病，叙暌離、通訊問，施于家人朋友之間，不過數行而已。蓋其初非用意，而逸筆餘興，淋漓揮灑，或妍或醜，百態横生。披卷發函，爛然在目，使人驟見驚絶，徐而視之，其意態愈無窮盡。故使後世得之，以爲奇翫，而想見其人也。』多麼生動有趣！

信札具有歷史與藝術的雙重價值。從藝術的角度講，信札更見書者的性情。文人墨客妙筆生花，秦篆漢隸，顔柳蘇黄，于小小紙箋中表露無遺。所謂『逸筆餘興，淋漓揮灑，或妍或醜，百態横生』。其率意天然、高貴典雅的審美趣味，暗合了中國藝術『從心所欲不逾矩』的最高境界，比那些刻意布置、正襟危坐的書法作品更自由、更别致，更有藝術價值。于歷史言，它仿佛海洋裏的一滴水，雖然海洋由水滴組成，但每一滴水都是對海洋的補充與佐證。其實，很多人喜愛信札，一個更重要的原因，就是信札具有的獨特的史料學術價值。有人説，收藏信札就是收藏歷史。這話大致是不錯的。無論是説家事、談國事，或者是學問上的探討，信札的内容都是當時社會歷史資訊的原始史料，許多名人書信還與重要歷史事件相關，因而具有較高的文獻研究價值。

此外，信札還是承載思想與感情的載體。『函緜邈于尺素，吐滂沛乎寸心』。正如孫丹妍所説：『出于此手，觀于彼眼，是很私密的東西，折射一地之境，一時之事，一人之情，未必面面俱到，却足够真實。』因爲信札是親朋間的交流，看法和見解較少顧忌，往往能透露出寫信人内心的真實感受和許多不爲人知的内幕，爲研究歷史名人提供了生動的細節。再者，歷史上很多名人不是書法家，書法作品罕見，流傳下來的墨迹只有信札或是題跋，比如著名的《局事帖》，據專家考證，就是宋代散文家曾鞏傳世的唯一墨迹。所以，這也是信札的有趣之處，可以填補空白，有發現的價值。

從收藏的角度看，信札是最具有文化内涵的收藏品種之一，因而，相對于作品而言，其作假難度也相對較高。没有嫻熟的書寫能力和文化底藴是很難模仿的。另外，信札的價格也比較低，容易收集并形成專題。儘管有的信札在拍場上表現驚人，十幾萬、幾十萬、上百萬甚至幾百萬的都有，但這畢竟還是少數，很多信札相對于作品而言，價格還是非常低的，只要用心收求，以較少的代價换取較多的效益，還是有可能的。有專家指出，隨着人們書寫工具和書寫方式的改换，毛筆書信已極爲少見，在一個時期過後，紙上書信有瀕臨『滅迹』的危險，名人尺牘更顯珍貴。如此説來，信札來源的稀缺，必會把信札的價值推向更高，有眼光的藏友是不應該錯過的。

筆者是愛信札而勝于書法作品的。但我對信札的追求，除了上面談到的幾點之外，更喜歡箋紙漂亮的信札。紙有色而墨有香，這樣的搭配纔够雅致。對于信札箋紙的講究，是中國書信最普遍、最顯著也是最重要的一個特點，古代文人的文化素養、審美情趣以及詩意生活都在一張小而華貴的箋紙上得到風雅體現。每當夜深人静時，于書齋中捧一紙彩箋，細細品讀，真有物我兩忘、神交古人之趣。特别是箋紙漂亮、書法精美的信札，若能配一個小木框，將其懸于壁間一角，這樣裝飾家居，其雅韻繞梁之美，畫龍點睛之妙，是局外人無緣體會的清福。

目録

月鋤以此册屬書。所謂厭家雞嗜野鶩者非耶？即呈薺原司農，以爲何如？

癸卯二月晦日燈下書并識。

石菴劉墉

鈐印

臣墉之印（白）

石菴（朱）

華渟（白）

劉墉

001

1720—1805

字崇如，號石庵。

山東諸城人。

清代書法家、詩人。有《石庵詩集》。

1805

亭錫以此冊屬書所得
厭家雞嗜野鶩者
洮郡即呈
蕭原司農以為何如
癸卯二月晦日燈下
書并識
石菴劉墉

伏稔
老公祖大人棨戟到婁，
下車宣化，允協士民企
望之私，而弟列在編
氓，得荷
二天之芘，其爲欣抃，
尤倍恒情也。茲聞
台旌到省，即擬趨侍

002
錢大昕
1728—1804

字曉徵，號辛楣。
江蘇嘉定（今屬上海）人。清代史學家、考據學家。著有《潛揅堂金石文跋尾》等。

1804

伏稔

老公祖大人榮戟到婁

下車宣化允協士民企

望之私而弟列在編

氓溥荷

二天之芘其爲欣抃

尤倍恆情也茲聞

台旌到省即擬趋侍

釋文

塵談。雨後泥濘，先遣小价請安。來价沈忠，在弟處服役年久，勤幹練事，頗爲得力。欣值老公祖蒞事伊始，倘蒙收録使喚，感荷非淺。或

釋文

臺下業經人滿，並希於屬邑噓植，俾得餬口爲感。順候日安。不盡依切。

培園老公祖大人

治弟錢大昕頓首

屢讀雨後泥濘是遣小
价請
安來价沈忠在弟處服
役年久勤幹練事敏
為渠力欣值
老〻祖莅事伊始備蒙
收錄使喚感荷非淺
感

臺下業經人滿其希於
鼎力
噓植俾得餬口為感順
候
日安不盡依切
培園老〻祖大人
治弟錢大昕頓首

釋文

四十一年老門生張
守愈聚人似謹樸，秉
其旋，再作數行。有
庚戌二名陳主政登
泰者，學品俱優。聞
其廬墓于德清之
方山，將槁項而斃。
能爲之
措一近地講席，亦

003

朱珪

1731—1806

字石君，號南厓，晚號盤陀老人。
直隸大興（今屬北京）人。清代學者。
乾隆進士。著有《知不足齋詩文集》。

1806

釋文

勸孝勸賢之政也。

呵凍書此，順問

新祺，不一。

芸臺中丞閣下

盤陀生珪頓首

嘉平廿五日

鈐印

張爰（朱）

大千（白）

釋文

1732

冰姿濯濯漾清瀾，翠蓋扶踈露未乾。渾似洛妃乘霧至，花光月貌玉光寒。太液池邊麗景睬，孤標生小謝鉛華。凌波脉脉頻憐影，不及君王解語花。征客關山路幾重，何人江上采芙蓉。誰知絶塞烏孫地，曾見奇葩潑黛濃。空明色相真如諦，水月清華上乘禪。欲向遠公重結社，虎溪花發是何年。

白蓮花四絶句

辛酉夏五夢禪老人脱稿

鈐印

養性如花（朱）

004 陳淮

1732—1810

字望之，號藥洲。河南商丘人。喜收藏，齋名湖海樓。

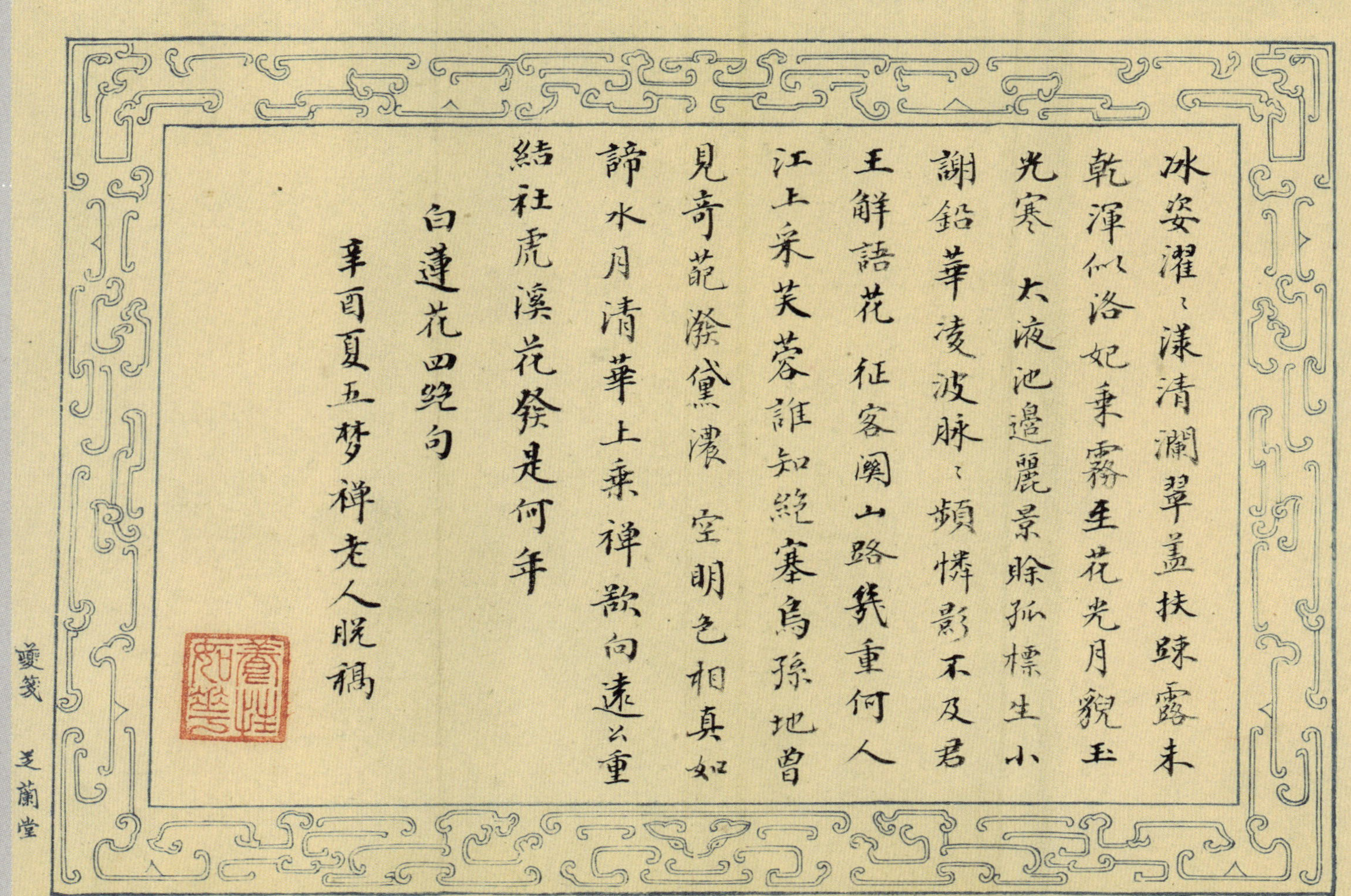

冰姿濯濯漾清瀾翠蓋扶疎露未
乾渾似洛妃秉霧生花光月貌玉
光寒　大液池邊麗景賒孤標生小
謝鉛華淩波脉脉頻憐影不及君
王解語花　征客關山路幾重何人
江上采芙蓉誰知絶塞烏孫地曾
見奇葩潑黛濃　空明色相真如
諦水月清華上乘禪歎向遠遠重
結社虎溪花發是何年

白蓮花四絶句

辛酉夏五夢禅老人脱稿

夔箋　芝蘭堂

釋文

屢費
清心，所以即先送此十二幅略節者，再遲則時
漸向炎。不知令友住址遠近，此底先存
尊齋，緩緩遇便商酌。恐未必能即照此
幅幅起稿也。一則先須酌定某一
幅可就册樣寫之，又某一幅未能
就册樣寫之。此則有往復酌商時也。
再則，其中可就册樣寫者，似又須請
此友覿面，以便寫照取似，然後再
取小篋向所已寫之賤照，持以作樣。
此則又有往復詳定時也。
所以再四籌度，未必能十二幅俱寫，或寫其半，或寫其後四。
因承
雅意，且即先送此略節稿底以備
酌定。瑣瀆，瑣瀆。
銅尺之外橫字且不刻，俟尺側鎸
就，先將見惠一尺連橫付來，以便酌
其橫式再送
看。如以爲可用，再將其二橫一樣辦之。是否？
藉候
日禧，不一一。恕具
五月十日

鈐印

文心審定（朱）

蒙泉書屋收藏金石書畫之章（朱）

釋文

敬候
東卿學兄新禧。歲初得
惠新仿銅尺，精妙之至。
深謝，深謝。其尺側鎸字須記
尊摹，以傳永久。容即擬
數字求
酌定。慮原銘自必
手摹極肖，惟是鎸手不
知能謹依無失否。若得
摹篆見示一看再鎸更妙。
先將拙舊作寫呈，仍當另作
新詩以報惠也。
方綱頓首
正月廿二日

鈐印

荆門王氏珍藏（白）

蘇齋（朱）

005

翁方綱

1733—1818

字正三，號覃溪。

直隸大興（今屬北京）人。清代書法家、金石學家、文學家。著有《兩漢金石記》《石洲詩話》等。

虘贶

遠丈所以印先送此十二幅略節者再遲則時
漸向衰不知左右住址遠近此底先存
蒼齋緩緩遇便商為恐來不能即照此
幅幅起稿也一囗先須為定某一
幅可就冊樣寫寫又某一幅未能
就冊樣寫寫 此則有往復為商時也
再則第可就冊樣寫者以又須請
此友親画以度寫照取以其後再
取小篆向所已寫寫賤照持以作樣
此則又有往復詳定時也
所以再四籌度未為能十二幅但寫
因承
明節 戊雪又半 或寄來復四
雅意且印先送此稿底以備
為定張遠之之
銅尺尺外續字且不釘錄尺例錄
就先將見惠一尺連續付來以便為
其續式再商
看如以為再冊再將與二續一樣譯見居
新祺
世兄 五月十日
日禧而已

虛白齋製

敬復
壽卿世兄新禧 歲初得
惠新仿銅尺戚 精妙之至
深深謝謝 其尺例皆字須記
等差以傳永久 寄印拓
數字來
為定 靈厝原銘自出
手筆 極肖 惟是鑄手不
知能謹嚴否 失否 若得
華家見示一扇 再鑄更好
先將拓舊作字呈 仍當另作
新詩以報惠也 簡
正月廿二日

虛白齋仿古

1733

釋文

此二册非《閒者軒帖考》所説李祺之物也，實是劉公戭《識小録》所説退谷得於馮涿鹿者。《絳帖》行高與《淳化》不同。今以第三第四一卷比對，其每行高下迥乎不同，足知下册真上册不真，然皆退谷所收無疑。

鈐印

蒙泉書屋收藏金石書畫之章（朱）

蘇齋（朱）

釋文

善才寺碑敝篋舊有考索，昨日未及詳説。其褚銜數字實亦即此石内之字，裝潢者欲冒爲褚書，特裝於前，又翦去魏名耳。然魏書不多見，若得此碑，愚爲詳跋，并换魏栖梧書一籤，則妙矣。

魏書非褚可比，不過十餘金則買之，太貴亦不必。

此人所購之《冀州刺史張表碑》及《淳化閣》兩卷，如可得一看爲妙。

十月十四日

恕具

鈐印

蘇齋（朱）

九十六

此二冊非澗右新出者所記李秋之物也實是前公藏識小錄所記退谷得於潟淛鹿者待此所言与從不同之以第二第四一卷以對其每行字下但手石自足知又冊真上冊不真雖皆退谷所收無疑

天際烏雲含雨重樣箋

善本寺碑 拟還 舊有考索昨日未及詳說其褚鄉數字實亦即此石內之字黯漬者那冒為褚書者裝於前又當去跋尾耳此跋文不多見若得此碑恩為詳跋并換跋插於書一處則妙矣

跋書非褚可比 不過十餘金則買之 太貴亦不必

此人所購之冀州刺史張表碑後落花閣西卷杜子美一扇面則

方綱 十一月十四日

竹書

小蓬萊閣

釋文

前日弟以家中尚多未了之事，不
曾送諸公還城，先是走了，罪罪。

承
厚情，容泥首上謝。尊雨鞋藉
上綾二端望交茉雪，并乞轉致
爲我。一切銘感，何可言耶。刻方
雨中從城外還舍，匆次草草，請安，不盡。

八兄大人　　愚弟制岡稽首

鈐印

寒香 曉雨（朱）

香書軒收藏印（朱）

1746

奚岡

006

1746—1803

字純章，號鐵生，
別號鶴渚生、蒙泉外史、散木居士、冬花庵主。
安徽歙縣人。
清代篆刻家、畫家。
著有《冬花庵爐餘稿》。

前日東以家中常多未了之事不
曾造詣之還城先生走了罪罪
承
厚情寄尾莫上謝為兩鞋韈
上請之端謹寄茱雪芽之數片
以為泰一飯錢何可言耶刻方
兩中從城於還舍毋欲以等之請安不具
以先大人
累弟制下俗稽首之

釋文

修門大兄過我，云明日之局已改至十六日，特此遣達，并請日安。餘容晤言一切。

友楳八兄大人　愚弟岡頓首

茮雪二兄前　爲致意并謝鬣囊。

香書軒收藏印（朱）

鈐印

1803

修門大兄過承云明日之局
已改至十六日特此
達并請 日冗餘容晤言
不一
友探以兄大人
愚弟東頓首
柴雪二兄以前
為致之并謝
緊亂 [illegible]

釋文

篠園花地一聚壺觴，惜

閣下官事羈身，匆匆竟去。後聞

淮壖從事竟不能騣卸此

肩，固亦職守之當然。然黎河

使偉度清襟，正將以劉原父

寒香曉雨（朱）

鈐印

香書軒（朱）

1746

007

吴錫麒

1746—1818

字聖徵，號穀人。

浙江錢塘（今杭州）人。清代文學家。

有《有正味齋集》。

篠園花地之點壹觴惜
閣下官事羈身每々竟去後閣
淮壖河事竟不能驟卸也
肩園亦職守之當然黎河
使偉度湊襟正將以劉原文

古魚牋　虛白齋製

釋文

諸公相待，則將來之藉爲提
唱者，非
先生孰爲替人乎？月樵勇於賦
詩，聞拙作玉蘭花詩，亦曾抄
來索

鈐印

（朱）寒香曉雨

（朱）收藏印

（朱）香書軒

古魚戕 虚白齋製

釋文

和，未識能俯如其請否？揚州風雅，近頗蕭條，不可無後起者一支其局。當俟閣下重來，或可一鼓斯興耳。小壻前曾通謁，屢接

（朱）寒香曉雨

（朱）收藏印

（朱）香書軒

鈐印

釋文

1746

誨言。兹因河工奏効之請，赴部報捐，度黎河使處久荷栽培，必邀照察。倘閣下高情所被，更能噓拂及之，益感

收藏印（朱）

寒香曉雨（朱）

香書軒（朱）

鈐印

古魚牋 虛白齋製

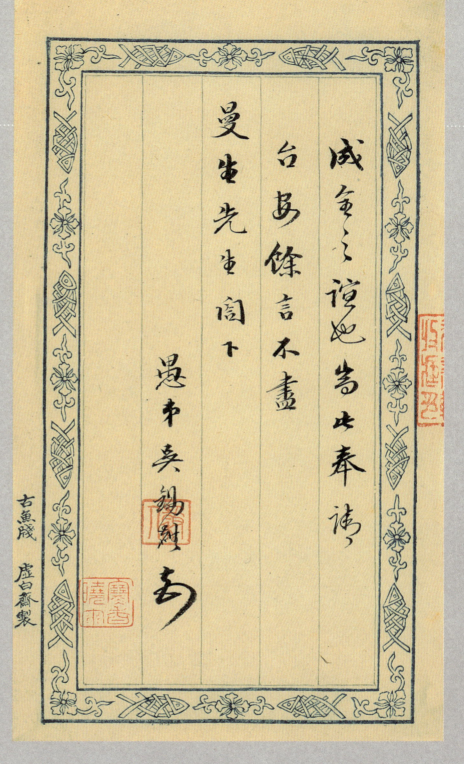

1818

释文

成全之誼也。耑此，奉請

台安。餘言不盡。

曼生先生閣下

愚弟吴錫麒頓首

（朱）收藏印

（朱）殷人

（朱）寒香曉雨

鈐印

古魚牋

虚白齋製

釋文

出都之日，弟踵門叩送，問諸館人，知行旌已發，悵然而返。訃至，驚聞年伯母大人之變。如何不淑，遘此閔凶！足下三年京邸得解南還，方謂陔草增暉，庭衣生色，人生樂事，此爲最真，豈意數旬之間，遂至大故耶。然館事速了，觸熱成行，乃得及湯藥含飲，畢人子之事，冥冥中似有物主之者。可知天於足下相待不薄，他日立身揚名，所以慰

1761

張惠言

008

1761—1802

字皋文，號茗柯。

江蘇武進（今常州）人。清代學者、文學家。著有《茗柯文編》等。

出都之日弟踵門叩送問諸館人知
行旌已發悵然而返訃至驚聞
年伯母大人之變如何不淑遘此閔凶
足下三年京邸得解南還方謂陔草增暉庭衣生色
人生樂事此為最真豈意數日之間遂至大故那能館予
速乃觸熱戒行乃得及湯藥含飲畢人子之事冥冥中似有
物主之者亦知天於
足下相待不薄他日立身揚名所以慰

伯母之靈於地下者，可操券必也。目下葬事停妥否？
年伯大人近體奚似？明歲所居所？
足下能守墳墓，不爲乞食計否？便中望語金彥士，令郵寄
知。專此，布問
孝履，餘不備。
覺生大兄大人足下　　年愚弟功張惠言頓首　十一月十五日
年伯大人前乞叱名請安。　令弟均此道唁。

伯母之靈於地下者可操券必也目下葬事停妥否

年伯大人近體可似明歲所居何所

足下能守墳墓不爲乞食計否便中望請全彥士令郵寄

知專此布問

壽履餘不備

覺生大兄大人足下

年伯大人前乞代名請安

年愚弟功張惠言

十月十五日

令弟均此道候

1802

釋文

芰薌仁兄大人閣下：秋氣已深，冬心預伏，銜杯談藝之樂，想兄亦日日盼之。比惟公劬有暇，履止多欣，定如私祝。弟閒散襟懷，毫無住著，春明暫憩，瞬越半年，寒序相催，不能再

1799

009

何紹基

1799—1873

字子貞，號東洲，晚號蝯叟。

湖南道州（今道縣）人。清代詩人、書法家。

著有《説文段注駁正》等。今人輯有《何紹基集》。

賢卿仁兄大人閣下秋氣已深冬心頓伏
衢標談藝執之樂想
先生同之盼之時隆
公納有餘僕近自多須定無私說事
閒散襟懷意當住著春秋翰遊
勝趣十年寒席相從不能無

緩東旋之轡。書箱累重，恐城南寓廬難於安置。灤源已有成議，回省時欲即將累重頓放書院。揆之情理，似屬可行。未敢專輒，走札奉商。諸希朗照，不具。弟紹基頓首　九月十四

語翁前代候一切一切。

役東莊之衛書箱累重恐艱命處
處艱於安置漢源已有來議回省
時即得累重頓放書院探之情理
似屬可行未敢專輒专札奉
商諸鄉
朗照不具　弟從壽頓首
九月
諸翁前代候一切之

釋文

厚承
佳貺，飽慰老饕，報無瓊瑤，徒滋愧悉。
至好所賜，本自
珂鄉；製出
郇廚，必然精美，不圖歲除大得口福。
起居日臻清健，春融漸可
復元，但飲啖風寒，尚祈

1800

010

張集馨

1800—1878

字椒雲，別號時晴齋主人。江蘇儀徵人。清代學者。道光進士。著有《時晴齋詩賦全集》等。

厚承
佳貺，能慰老饕，報無瓊瑤，徒滋愧恧。
至好何煩來旨，
珂鄉製生
郇廚出饌，精美不圖，筆除大清口福。
擬居月臻清佳，妻融衛可
復元，促飲啖，風寒尚祈

釋文

慎益加慎耳。兄公事仰叨福庇，居然妥貼，庫存尚有數千金，真始願所不及也。餘俟明正登堂再敘。手肅鳴謝，恭賀年喜。即請雙安，不具。愚兄集馨頓首　除夕

閫中、郗下同吉。

1800

慎芝弟恃于先公事仰叩
福庇屡获妥贴，库存当有盈千金，真
报称所不及也。余俟面正。尊
堂再叙。年节隔涉，恭贺
年喜，即请
双安不宣。
孟兄集苏奇　除夕
阖中　都下同吉

1878

1801

釋文

今晨迫事役，僕僕泥潦中。回飆吹我衣，赤日焦我容。豈不厭勞苦，簿領亦我功。僶俛向前路，偪側無時終。念我同志子，飄飄若冥鴻。雖知面譚稀，貴用心理同。團團明月光，皎皎照窗牖。沉沉結魂夢，慘慘執君手。明明在我前，忽忽在我後。思心繚繞之，焉知然與否。平生爲離索，鬢髮成老醜。東西南北間，契闊靡不有。孤鳴惜絃琴，獨酌慙杯

汤鹏

011

1801—1844

字海秋，號浮邱子。湖南益陽人。清代思想家、文學家。有《海秋詩鈔》。

1844

釋文

酒。願君再至止，庶以慰吾厚。
人生不相見，何必天一涯。哀此
咫尺間，天晚黃雲斜。門東兩
楊柳，枝葉紛交拏。君來若
爲迎，君去含咨嗟。豈無新
詩歌，賞析匪自他。翦燈照
古心，涕墮如秋花。
右詩三章，因
梅生詩弟過訪不值，悵然
爲之。即請
正句。

湯鵬初藁

鈐印

（朱）海秋

释文

子石吾友足下：十一月十五日由州城寄到手函，諸爲心慰，並悉爲潯州別駕記室，又得都中友人的信，因公罣誤，今已集貲捐復。想計偕在即，亦必由海道前進，從此籋青雲睹白日，洗借爲彈射者之塵，可勉也，可賀也。德甫廉訪公祖前於東莞相識，并在可園相款。代狀誠不敢辭，寄來底本，亦號爲詳密，聊以己意撿括就範而已。呈別駕老父台貴東正之。古之作行狀者有二：爲請謚，作者可不書婚娶；爲請誌，作者則詳及子女。昌黎之於馬韓，柳子之

1801

鄭獻甫

012

1801—1872

原名存紵，字獻甫，後以字行，號小谷，又自號識字耕田夫。廣西象州人。清代經學家、教育家、書法家。著有《補學軒文集》等。

晋石吾友足下十一月十八日由州城寄到
手函诸承心慰并悉为鄂州别驾记室又得都中友人的
信因公罣误今已集资捐复想计偕在即亦必由海道而进
从此兰书云睹白日洗借为弹射者之座右而勉也可贺也
德甫处询之祖荫于东莞相识并在西园相叙代状识不敢
韩寄来底稿亦录其详兹柳红已意检括就范而已呈
别驾老兄先贵东西之大夫之作行状者有二君请谥作者亦不
书犹贤乎请德作者则详及吾如昌黎之于马韩柳子之

釋文

於陳京是也。張公於例，未應得謚，大都將以乞文耳。故謹如
後一説爲之。
足下至東省至京師，遇有相識故人問及者，爲代答曰：
閑來翻若身無事，老去方知客有家。此小谷近日光景也。此
覆，并附文。順候
文祺。即送
榮行，翹企
捷喜。不具。獻甫頓首 仲冬下浣

1801

鈐印

屺望收藏（白）

1872

於陳京是也張乃於例未應得謚大都督以乞文耳故謹為

談一說為之

並下至東省至京師通省相識故人間及者為代答曰毋

聞來翻若身善乎老夫方和寶有家毋以答近日光景也世

履并附文頌候

文祺即送

榮行起念

植喜不具 默甫 宏 仲冬下浣

退樓主人孝履無恙。兄別後，諸恙漸平，而先春十日喉疾大作，因之停止補劑，以致心蕩轉劇。二三日來始得小差，必元夕後方可來城矣。

新正有一異事，另紙呈覽。此紙發後，分防來晤。植兒言，有蕉林小阮號沐如者往説情，將案中人引而近之，謂爲蕉林家丁，（外間但云是家丁之友，故鎮上烟館獨伊一處無規，係蕉林名片免之。兄本不信，昨又細加訪察，竟實有其事，亦奇。）可謂意外之意外。豈有家丁而公然開烟館者？又豈有終日當壚而能分身充家丁者？其爲詭託無疑。此必非蕉林所及知。兄誼關年世，不能不直告，尚望主人晤時先行轉達爲荷。手此，敬候禮祺。不具。　校邠手肅

1809

馮桂芬

013

1809—1874

字林一，號景亭，晚號鄧尉山人。江蘇吴縣（今蘇州）人。清代思想家。著有《顯志堂集》等。

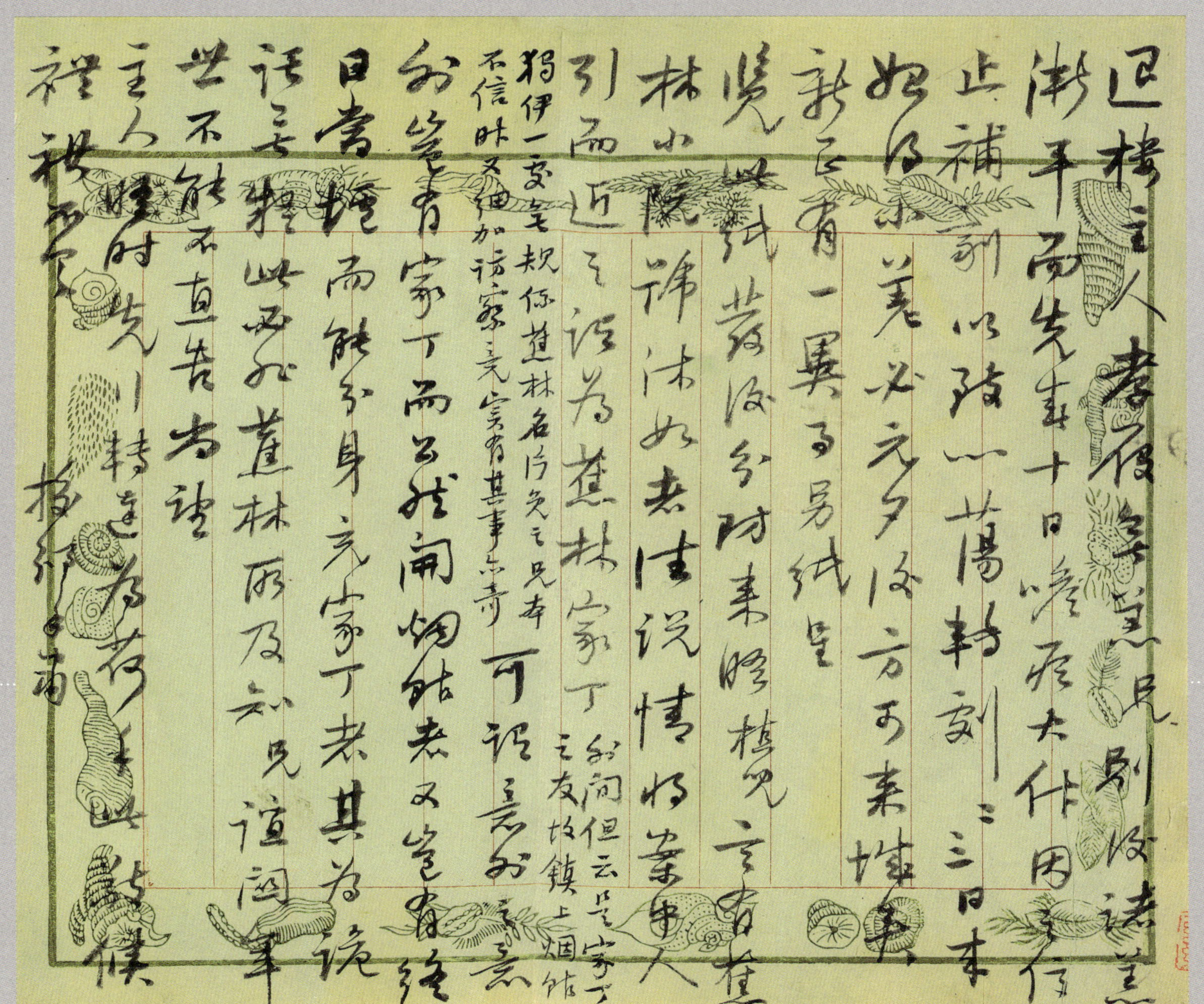

1874

釋文

敠閒主人左右：昨來城半日，探知
尊齋適延客，不及走抱爲
仄。日前陸鳴九剌史來云，敏
翁屋尚合意，惟典期以近爲

1809

釋文

貴云云。此無不可商，十年八年不必說，酌於四五年之間，何如？便中尚祈再一轉致。瑣瀆，感感。此請道安。　校邠手肅

釋文

再，研香來此晤談兩次。似是近日各統領中出色之材，可爲喜慰。語及韓參將，渠無貶詞，并云操守極爲廉潔，打仗亦肯衝鋒。前惠書言芥舟誤聽浮言，謂劉、席憤韓餉足，不往救援，真豪無風影之言矣。研香已屬深識大體，况克庵之賢耶！景镇、浮梁一路有段、劉

014

曾國藩

1811—1872

原名子城，字伯涵，號滌生。

湖南湘鄉人。清末洋务派和湘軍首領。

有《曾文正公全集》。

再研香来此聆談兩次似是近日各統中出
色之材可為喜慰恧及韓參將渠無貽詞并
云操守極為廉潔於仗義肯衝鋒前
惠書言芥舟誤聽浮舟言謂劉彥憤韓餉
至不往救援真豪無風影之言矣研香已屬
深識大體况克庵之賢耶景鎮浮梁道路有段劉

易生諸青雲閣擬刊

及張子衡之師，石門、洋塘一路有江、席之師，江西北門之防，所缺者惟建德下隅畈一路。江、席之力稍可横出邀截。弟又分守徽池七城，大致已算周密，不似去年之疎。然江西之患，究在北而不在南，若南贛刻無警信，韓軍可否暫留中路撫州一帶，可南可北，可廣可饒，伏候

釋文

卓裁。前派人密查江西商情，據云省河以上設
卡太密，商民怨咨。擬再派朱紫卿允成赴各處
一查，再行分別裁撤。紫卿去歲來時，
惠函以爲佳士，與榘西并稱。連日與之晤敘，洵佳士
也。復問
幼丹尊兄大人台安。　國藩謹又手啓　十月廿一日

希庵仁兄大人麾下：

前索顔帖，江夏各郡兵燹之餘，竟無佳本。因寓書莊蕙生，索得《家廟碑》一部，《争坐位》一部，即以奉上。外付弟所刊九宫格若干紙，宜用以習楷。軍暇，乞以所臨見示一二爲荷。九宫格弟已囑曾少固另行刷印，隨後續寄。統兵大帥留意翰墨，視古人雅歌投壺，尤爲整暇。黄安賊亦不出，未知潯陽守兵尚可再調否？兩處長圍，殊不易集。德安三營擬再俟静定數日，即札調會剿，何如？

勛安。不一。　弟林翼頓首

初二

（四月初四日申刻到）

胡林翼

015

1812—1861

字貺生，號潤芝，湖南益陽人。

湘軍重要首領，與曾國藩並稱“曾胡”。

有《胡文忠公遺集》。

希庵仁兄大人麾下

前索顔帖，江夏各郡兵燹之餘，竟無佳本。因寫書莊蕙生索得《家廟碑》一部、《爭坐位》一部，即以奉上。外付弟所刊九宫格若干紙，宜用以習楷，畢暇之以所唯見示一二為荷。九宫格弟已屬黄少園另行刷印，隨後續寄。统兵大帥留意翰墨，視古人雅歌投壺尤為整暇，兼安賊亦不生，未知潯陽守兵為弟舟調否？兩交長圍殊不易集，德安之營擬再候靜守數日，即行調企剿。為此

勛安，不一。

弟 林翼頓首 初二

四月初四申刻到

釋文

汀鷺老表弟閣下：得敬甫所帶書，即復蕪函。兹兄定計東歸，息影閭左，自念衰已甚，不審如何頤養，方得延年。吾弟欲得拙書，兹檢出篆屏兩

1812

016

楊沂孫

1812—1881

字子輿，一作子與，號泳春，又號詠春，別號觀濠居士，晚號濠叟。

江蘇常熟人。清代書法家。著有《觀濠居士集》等。

釋文

副，每副四張，行書屏四條，篆聯壹副，仍交敬甫妥寄。敬甫誠懇萬分，必能爲沂達此情也。兄頗欲留能篆之名，亦有望於吾弟輩之不吝口角矣。此頌年禧。不具。沂孫頓首　封印日

釋文

賡廷仁弟大人閣下：十月來信及此次信俱收到。邇惟起居佳勝爲頌。兄自八月至定興，忽又歲莫，日月逾邁，甚可畏也。胸中所存，不免攖於細故，如償債、給家等事，殊難暫忘。古人於事盡其當爲之道，而不過爲無益之憂，此境誠未易至也。閱　叔起書及詩，具知近境，雖微來音，固知其甚困也。第四首收句，兄未能踐，此質任自然，未易罄其所以，然非必有所去取於其間。且

劉熙載

017

1813—1881

字伯簡，號融齋，晚號寤崖子。江蘇興化人。

清代文學家。

有《古桐書屋札記》等。今人輯有《劉熙載集》。

1881

賡廷仁弟大人閣下：十月來信及四次信俱收到。遂惟起居佳勝為慰。兄自八月至定興，忽又歲莫，月餘適萬甚可畏也。胸中所存不免攖於細故，如償債給家等事，雖難暫忘，古人於事盡其當為之道，而不過為無益之憂，此境誠未易至也。閣叔起書及詩，具知近境。雖微來書，固知其甚困也。第四首收句只未能然。此頌佳固然，未為警其所以然，非必有所去取於其間，且即論兄今日之所處，豈有可願者乎？瓜洲、鎮江同時收復，可喜之甚。金陵奏捷，想應在邇。滋陽、常有邸抄可閱否？書院一事，據今所見所聞，誠爲瑣瑣。然兄固將就之者，以不住書院，則將停所應償之債，其非更甚。而書院創始之意，固有所在，抑所謂『雖不能至，心嚮往之』者。惟覓書院有未能急者，吾

弟可諒而知也。如書院遲久未得，兄方甚憂之，亦所處之不得不憂耳。兄明年必非有書院氣象，近宋雪帆來信言，有書至直隸制軍，然甚晚矣。意

1813

1881

即諭兄今日所處豈有可願者乎瓜洲鎮江同時收復

可喜之甚金陵奏捷想應在邇滬陽當有邸抄可

閱否書院一事據今所見所聞誠為瑣瑣然兄固將就之者

以人不任書院則將停所應償之債其心更甚而書院創始

之意固有所在抑所謂能不能也心亂往之者惟覓書院有

未能急者耳

弟可諒而知也如書院遲久未得兄方甚憂之所處之不得

不憂耳兄明年必非有書院之家 近宗霄帆來信言有書意 已直隸制軍然甚晚矣

釋文

欲入都覓一小館，以待後年書院萬一有就，然聞食用
甚貴，且酬應未能盡免，恐至於不可支，是以尚待躊躇也。
至吾
弟入都應試，兄以爲必不可已，彥吉弟當益無須勸駕矣。
春間早行，一切自較寬裕。館事應必得，然或仍須作數
月之待，當亦無累也。彥吉弟留辦七令弟喜事，其期
可早必否？兄實未能靜定者，
弟疑其有學力，未免過言，惟時予箴規，防其大遠於靜定，則

釋文

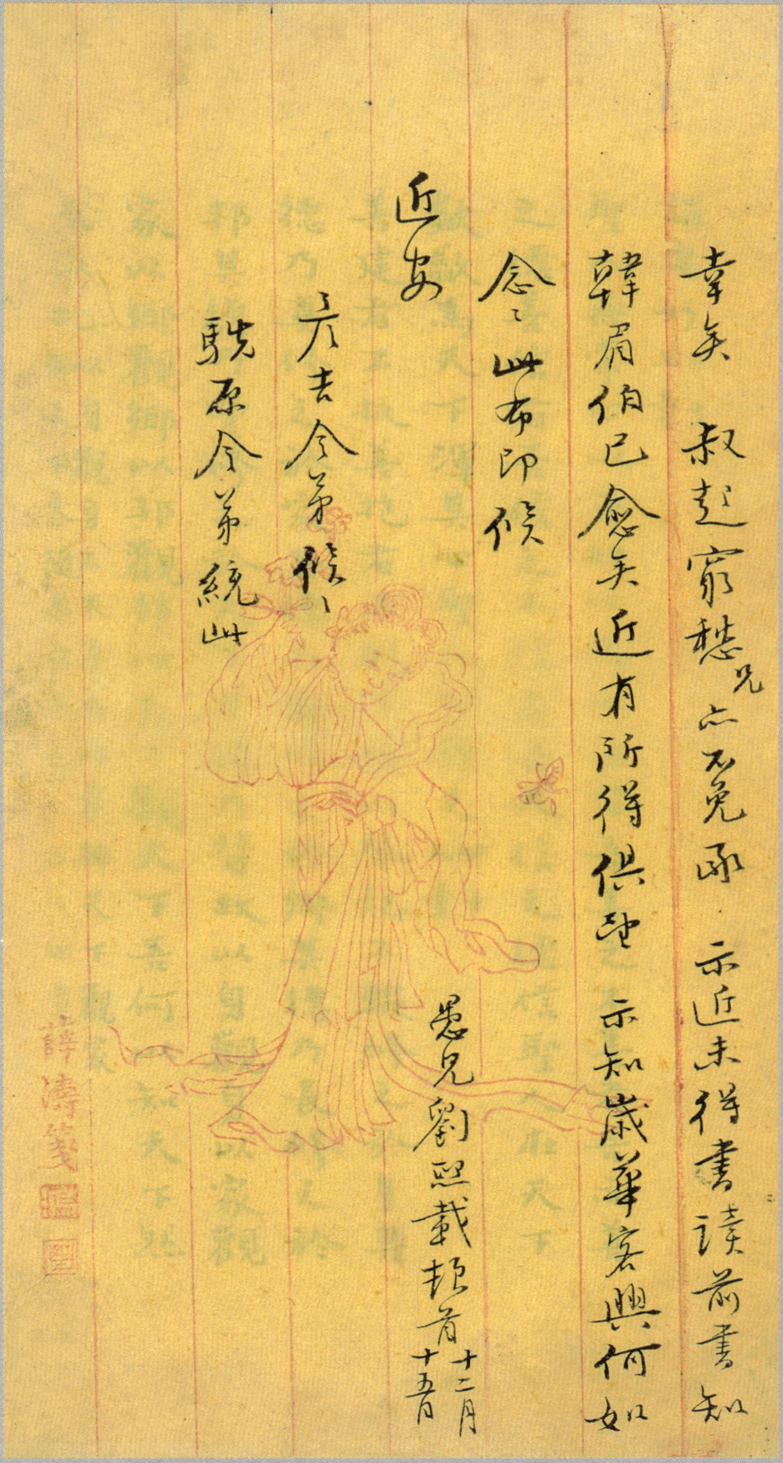

幸矣。叔起窮愁，兄亦不免。承示近未得書，讀前書知
韓眉伯已愈矣。近有所得，俱望示知。歲華客興何如？
念念。此布，即候
近安。
愚兄劉熙載頓首
彥吉令弟候候。
駪原令弟統此。
十二月
十五日

釋文

秋牧仁兄大人史席：前奉
還雲，
淵衷謙挹過甚。詩文乃天下公器，人人可
得而有之。不但託命於八比，鼠目寸光，
不可竊據，即工於古作，亦不可以師傳
驕士。弟嘗笑近來能爲古文者，謂某
人傳自某人，即如儒者之論道統，私
而不公。我
兄自奮於學，真是豪傑之士，豈可以未爲
八比而遜謝弗遑耶？温、李並稱，飛卿
不逮玉溪遠甚，其儷體則振采負聲，
爲唐代之冠。我
兄瓣香於此，可謂具眼。《省身録》自是

1815

喬松年

018

1815—1875

字健侯，號鶴儕。山西徐溝（今清徐）人。
清代學者、藏書家。
著有《論語淺解》等。

秋畯仁兄大人史席前奉

還雲

謝衷謙挹過甚詩文乃天下公器人人可得而有之不但託命於八比鼠目寸光不可竊據即工於古作亦不可以師傳鶩士中嘗笑近來能為古文者謂某人傳自某人即如儒者之論道統私而不公我

兄自奮於學真足豪傑之士豈可以未為八比而遜謝弗遑耶溫李並稱罷卿不逮玉溪遠甚具儷純則振采容聲為唐代之冠我

兄瓣香於此可謂具眼省身録自足

雲藍閣製

1875

理學，《韵府節録》自是詞藻，猶未足深惜。獨《蠡管類鈔》，想典故、考據、議論必皆賅備，此而失之，誠大可憾。或能追憶數則否？弟天性慵懶，偶然塗抹，未嘗鋭意爲之，於古人藩籬去之尚遠，兄之推奬過情，實非所堪。山妻僅識之無，不知競病，亦無倡和之樂，兄亦誤聽人言矣。改歲在即，敬惟宜春介福、動履咸宜爲祝。此請道安。不戩。

愚弟喬松年頓首

理学韵府節録自是词藻猶未足深
惜欤義官類鈔想典故考據議
論必皆賅備比而失之識大可憾或
於追憶[illegible]则否弟天性慵懒偶然
塗抹未嘗銳意為之於古人藩籬
去之尚遠
兄之推奬過情實非所堪 山妻僅識
之無不知詩病亦無倡和之樂
兄亦誤聽人言矣改歲在即敬惟
宜春介福
動履咸宜為祝此請
道安不戩
弟 喬松年 頓首

雲藍閣製

1875

何根翁極可傷愍，聞朝中以其遲徊海上，以爲跋扈不奉詔，故果於行法。其實根翁豈跋扈者？乃瞢無主見耳。綜其生平，持己、待人、處事皆無可訾，獨臨難一著大誤，遂喪前美。譬如著棋者，至結局收關，應之稍差，全盤俱失。其樞已歸湘中矣。弟

如我

兄之命，不稱教弟，亦望我

兄以昆仲相叙，勿自稱名爲幸。弟又頓。

謹空

1815

何根雲極可傷憫，聞朝中以其遲徊
海上，以爲跋扈，不奉詔，故果於行法。
其實根雲豈跋扈者，乃嘗無主見
耳。綜其生平，持己待人處事，皆無
可訾，獨臨難一著大誤，遂喪前美。
譬如著棋者，至結局收關之稍
差，全盤俱失。其匶已歸湘中矣。亦
如戒
兄之命不稱弟，亦望我
兄以昆仲相叙，勿自稱弟爲幸。弟又頓
謹空

雲藍閣製

1875

官簾風燭記蕭騷，一擢臺垣地望高。常抱憂危幾
聖主，欲將薦達盡英髦。柴車牝馬心徒爇，素髮青雲首
重搔。漫倚崆峒一長劍，黃山白嶽尚同袍。贈子懷先生
從來天性出風騷，一譜陽春自調高。異日文章徵諫
草，當時倜儻屬賢髦。幽憂有癖羞塵俗，夙疾無端
起蚧搔。美殺江鄉美蒓膾，底須惆悵對青袍。再贈見訓疊韻
恭呈
訓誨。王錫振

王錫振

019

1815—1876

又名拯，字定甫，號少鶴。

廣西馬平（今柳州）人。道光進士。著有《龍壁山房文集》等。

官簾風燭記蕭騷一擢臺垣地望高常抱憂危幾

聖主欲將薦達盡英髦紫車北馬心徒熱素髮青雲首

重搔湯倚崆峒一長劍黃山白嶽尚同袍 贈子懷先生

從来天性出風騷一譜陽春自調高異日文章徵諫

草當時倜儻屬賢髦幽憂有癖羞塵俗夙疾無端

起蚧搔蕤殺江鄉美蒓膾底須惜悵對青袍 再贈見訓疊韻

恭呈

訓誨

王錫振

释文

甫翁仁兄大人閣下：自接金華舟次一書後，三數月未見續示，杭州連公處亦然。詢之篋軒，知必另交妥人親帶，或途中耽閣之故。似梅歸後，弟又有一書係附便足，諒亦收到也。比惟春祉吉祥，篴室蘭徵定早，國香入夢，叩頌如之。弟正初來杭逗留一月，孤山梅萼，冷泉松聲，時與一二至交聱明忘暮。惜閣下早歸半載，否則正好歡讌也。

1816

020

金安清

1816—1878

字眉生、梅生，號儻齋。浙江嘉善人。清代文學家。著有《六幸翁文稿》等。

甫翁仁兄大人閣下自持金華再次

一書後三數月未見

讀示杭州連佰來示出詢之芾軒知爲另文安人秋帶或達

中秋閣下故何梅帰後示文有一書係附後足綠示

也到卜此怅

幸祝吉祥適寇蕭徵六年國王入華日時如之亦在和來机

遥頌一開撫山梅芽冷東松新時与下西文行明意看情

閣下早帰半載合刻正好藉證也

親政之後，一切吉順。兩江乃彭公所汲引，同熱南豐一瓣香，故不

待請

訓而即赴新任也。海内四督四李，

閣下幸早日出山，將來兩廣一席，可以操券，則海疆六省皆

隴西金城矣。浙中尚俱安貼，惟中丞多病，有請假之説。壞事似已

消弭。雪公仍住湖上，三日内方出按長江也。手此奉致，順請

台安。即候

德音。不具。　世五弟金安清頓首

令兄同此致聲。

新歲之後一切吉順想江鄉起居萬福日對南雲一瓣香敬而
侍請
訓如何赴新任若海內同聲之幸
閣下幸早日出山將來必廣一席可以援勞則海墨亦皆
樹西金城矣此中為何安貼惟出以多病有請假之說恨可知已
資霜雪小俱往閣上三月而方出接長江七千餘里已以後
[illegible]安何僕
德音不遠 世弟[illegible]頓首
[illegible]之日午時

釋文

涵溪尊兄大人左右：奉誦
手教，紉感無似，具見
大賢肫切之心也，謹當求所以行之。
屬書楹帖，容即寫呈。扁額四字，其第三
字爲弟家諱，不審更有别齋名可替

1816

021

勒方錡

1816—1880

字悟九，又字少仲，一名方琦。

江西新建人。

清代詞人。有《太素齋詞鈔》等。

釋文

否？弟年來目力大不如前，書道本拙，益復荒疎，塗鴉良可愧耳。手肅先復，敬請道安。諸祈朗照。不一一。弟方錡頓首

鈐印

平原私印（白）

釋文

壬午除夕，辱承
子禾仁兄星使以立春寄懷
大箸賜示，口占敬次原韻，聊博
一粲，工拙不計也。即祈
點鐵是幸。
別後空餘雪滿頭，人生到處喜同舟。醇醪久醉周
公瑾，好句爭傳趙倚樓。姑孰九年成契闊，明湖卅
里共句留。羡君桃李春風煖，衰鄰慙予不
耐秋。第二句改『錢唐今日又同舟』。退省盦主人未定艸

1816

鈐印

神仙本是多情種（朱）

彭玉麟印（白）

不必求工（朱）

022

彭玉麟

1816—1890

字雪琴，號退省庵主人。湖南衡陽人。清末湘軍將領。

壬午除夕尊兄

子余仁兄星使以立春寄懷

大箸賜示白石鼓次家韻辭博

一粲工拙不計也即祈

點竄是幸

別後長懷碧瀾畔人生到處喜同舟霜絲頭白旂周

出廬好句爭傳趙倚樓始執九年成契闊明湖卅

里共白留叢君袁李垂風爐哀郭懸亭不

耐秋 第三句改錢唐今日又同舟

退者金蓋主人未定艸

釋文

德甫先生廉訪大人閣下：自甲寅一別，四易星霜。回憶象鼻山下乘月揮毫，席船把酒時，至今猶耿耿也。比來風鶴時聞，惟吾浙尚穆其土。蒙

明公解橐分金，謌屬返里，此

恩此

德，圖報無由，惟有銘心刻骨而已。本歲友人

1817

胡震

023

1817—1863

字不恐、伯恐，號鼻山，别號胡鼻山人等。

浙江富陽人。

清代書法家。有《胡鼻山人印集》等。

德甫先生廉訪大人閣下自甲寅之別四易星
霜回憶彖年山下秉月拜竟庵船相偕
時與吾儕耐之也時未得觀時同惟老衲當
秋長之業
郎公解囊分金諸序追思悽感
恩此
陸園拍多由惟有餘心謝去可之老藏友人

釋文

1817

邀遊上海，上海乃中外通商之地，洋行中
貴省人爲最夥，逢人問詢，知者寥寥。即
有一二知
名者，略諱
近狀，亦屬影響模糊。然商賈中而道聽
仕宦，原是問道於盲。傳聞
明公仍統戎行，想伏魔蕩寇，叱咤風雲，將

釋文

來紀功一碑，摩厓壽石，職在山人，君毛雖禿，當不遠千里而來也。茲乘知友傅蘊山（名懷玉，江西人，貳尹，指省廣東。）報捐來貴省，草泐數行，敬請勛安。至山人近况，詢之蘊山，無不盡悉。輪船颿掛，不及縷縷，伏維丙鑒，不宣。胡鼻山人胡震叩頭 丁巳端午前一日

紅杏山莊（朱）

鈐印

釋文

小農三叔大人閣下：昨霞恭請
台安，計登
盡席。比維
升祺集祜，百和且平爲頌。惡氛
浸浙，杭城終爲可虞。聞僱舟守接
寶眷入滬，妥貼之至。現匯守定永康、
武義，十餘日來不聞動静。衢郡久無

1818

錢松

024

1818—1860

字叔蓋，號耐青、鐵廬。
浙江錢塘（今杭州）人。
清代篆刻家。有《未虛室印賞》《鐵廬印譜》等。

釋文

音耗，昨聞打一敗仗，幾乎有失。前者自失桃花嶺後，日失寸土，城中惶惶遷徙。杭城人往往如此，所謂阿獃也。今十餘日不動，城中便如居樂窩矣。姪擬匪徒似有歇熱之勢，總之非退也不進也。范六兄有當在東陽，昨有信來，説起情形，並問及開母事。兹並坿聞，即請升安。不一。愚姪期松頓首　初三

1860

释文

小蕓仁三叔大人閣下：親

教未晟，即爲

貴冗促去，良覿又不知何時也。

枉駕失迎，竊恨睡魔，而

閣下頗能護短，竟不喚醒，歉仄之至。昨

讀十七日

所發一函，就審

小楚仁三弟大人閣下：新
歲未來即為
貴兄促去，良覿不知何時也。
枉駕失迎，竊恨靡而
閣下頃能護短，竟不賞醒，歉仄之至。昨
讀十七日
所發之函，
號寫

釋文 1818

旅祉嘉隆，不勝欣慰。六姪馭兒奉製
各印已交，附
竹報委鐫印一副，茲寄繳，諸希
筦存。子棠館事爲長者焦急，專函
往詢，其覆信來未？軍門作古，賊師無
秉爨之心，深以爲幸。廣匪可慮也。

1860

釋文

元李書聯已索交
府中。前晤談，察其意，恐
閣下請件未必即書，所道潤筆洋
一元錢四百，已交小兒由館中帶歸，囑爲
代繳致
三孀矣。肅此，順請
升安。不一。 制愚表姪松頓首 七月廿九
坿印二

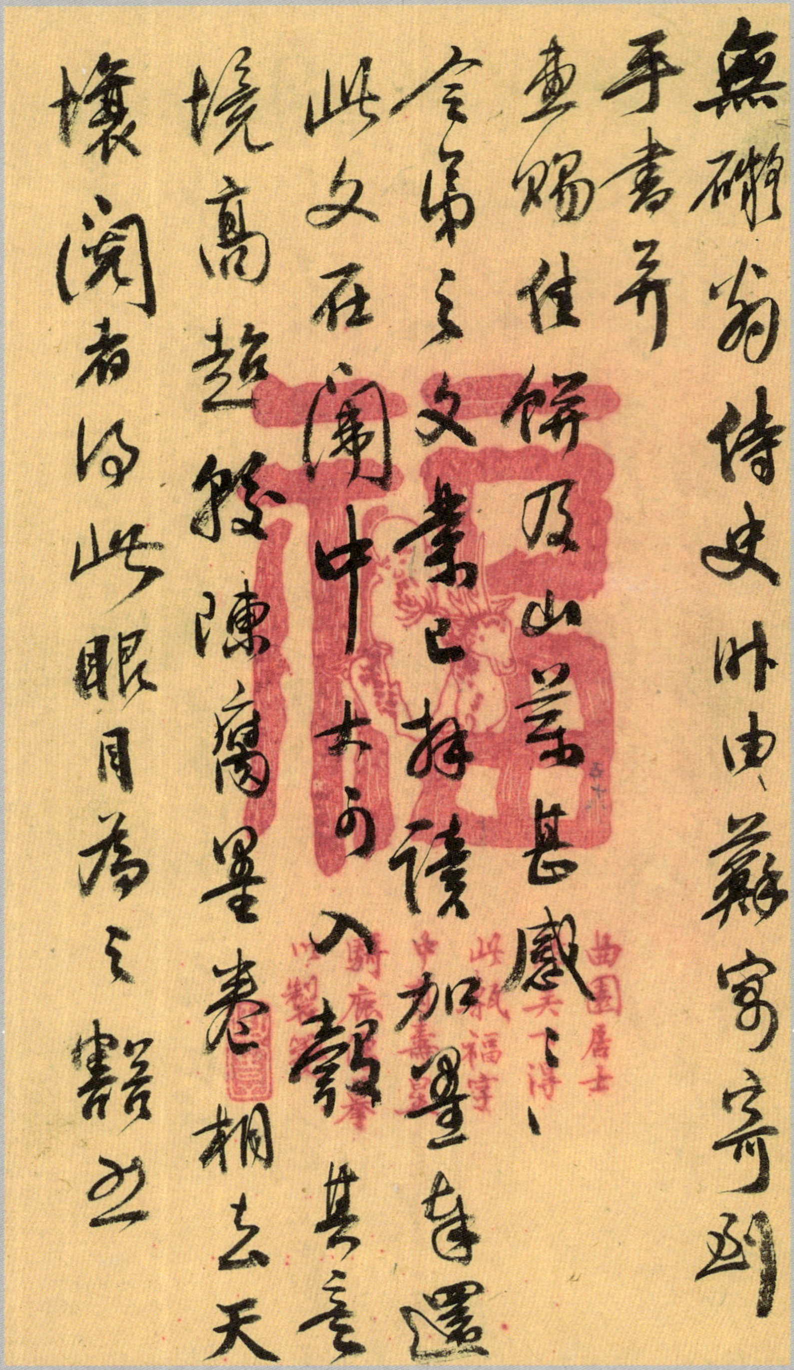

釋文

無礙翁侍史：昨由蘇寓寄到
手書，并
惠賜佳餅及山藥，甚感，甚感。
令弟之文，業已拜讀，加墨奉還。
此文在闈中大可入彀，其意
境高超，較陳腐墨卷相去天
壤。閱者得此，眼目爲之豁然。

1821

025

俞樾

1821—1907

字蔭甫，號曲園。浙江德清人。

清代學者。

有《群經平議》等。所撰各書，輯爲《春在堂全書》。

釋文

翁之斷課，必準無疑矣。世兄主古義，自必合試官之意。籍咸並捷，其樂何如。

尊意論文，極有見地。謂未思何遠，隱寓自命之意，自來無人言及也。此章古注不甚明了，蓋『反經合道』四字爲漢儒相傳古説，

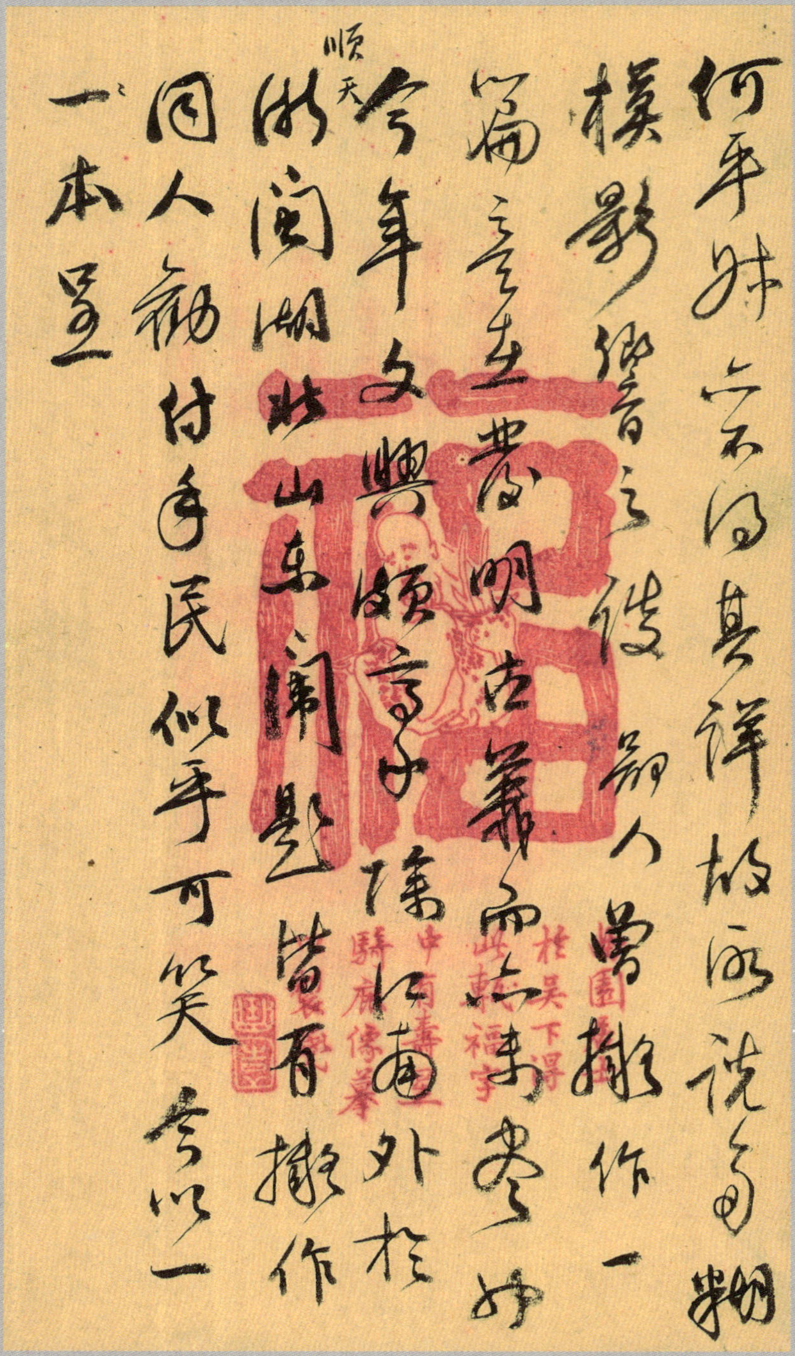

釋文

何平叔亦不得其詳，故所説多糊
模影響之談。鄙人曾擬作一
篇，意在發明古義，而亦未盡也。
今年文興頗豪，除江南外，於
順天、浙閩、湖北、山東闈題皆有擬作，
同人勸付手民，似乎可笑。今以一
本呈

1821

釋文

教，餘十本分貽儕輩可也。弟
於初五日到湖樓，十五日還山館，
月底、月初亦必返棹吴門。邇時
必已得令弟郎捷音，再當函
賀。手肅，復頌
頤安。

愚弟俞樾頓首

十八日

釋文

再啓者：弟擬墨本屬游戲，乃刻成
後又思借游戲以行小惠，擬印一千本，
於蘇、杭兩處銷售，每本賣洋錢一
角，集成一百，寄上海助賑，刊《申報》爲
憑。初意
尊處不援此例，故止寄四本，既思恃
愛素深，此亦何不可行，故寄上十本也，
幸勿笑其多事。弟再頓首

1821

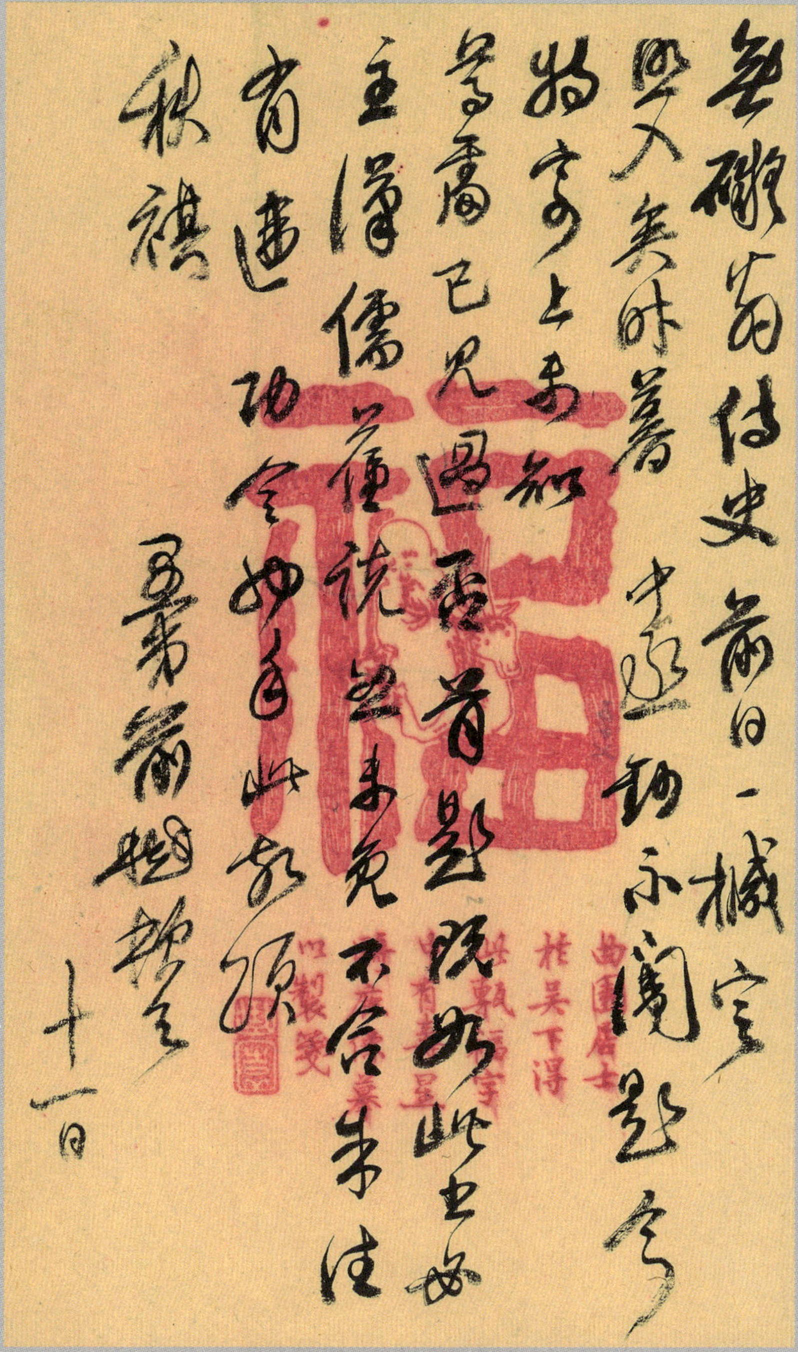

釋文

無礙翁侍史：前日一椷，定
照入矣。昨暮，中丞鈔示闈題，今
特寄上，未知
尊處已見過否。首題既如此出，必
主漢儒舊説，然未免不合朱注，
有違功令也。手此，敬頌
秋祺。

愚弟俞樾頓首

十一日

1907

釋文

曉山仁兄大人麾下：初十日得譯署書，並曾劼侯來往電
報，當即鈔録轉呈。昨晚得沅帥函，稱法使全權大
臣迪里古來粵東，將往滬上，赴京議和等語。法夷詭
詐百端，恐師實海故智，爲緩兵之計。我
兄大人能勸南官乘勝襲攻海防，斷其歸路，則河内、南
定兩城不戰自退，自是上策。撥餉增兵之疏昨午奉到，
批諭户部速議具奏。東省來書，先許助我萬金。誠如
尊論，就現有防勇精選一營，較新募之兵可恃，以添勇

1823

026

倪文蔚

1823—1890

字茂甫，號豹岑。安徽望江人。

咸豐進士。工詩畫。

著有《禹貢説》等。

曉山仁兄大人麾下初十日得
譯署書並曾劼侯來往電
報當即鈔錄轉呈昨晚得
沅帥函稱法使全權大
臣迪里古來粵東將往滬上赴京議和等語法夷詭
詐百端總師寶海故智爲緩兵之計我
兄大人能勸南官乘勝襲攻海防斷其歸路則河內南
定兩城不戰自退自是上策撥餉增兵之疏昨午奉到
批諭戶部速議具奏東省來書先許助我萬金誠如
尊諭就現有防勇精選一營較新募之兵可恃以添勇

之餉充賞，不患無劲旅矣。兹接五月二日諒山行營

手示，備悉荒邊行役之苦，盛夏暑雨正多，瘴癘尤甚。

台旌似無庸深入諒山，地居適中，首尾皆可兼顧，請

麾下定奪爲要。李傅相駐滬調度，若彼族求和，或不

至有戰事。然越南既開兵端，不妨背城借一。惟聞法夷有

求助俄人之説，俄船已到海防，未識確否。西貢法官擅賫

中國存米充餉，已函告沅帥轉詢傅相矣。手肅，敬問

勳安。伏祈　珎衛。不宣。弟文蔚謹啓　五月十二日

之餉充賞不患無勁旅矣茲接五月二日諒山行營
手示備悉巡邊行役之苦盛夏暑雨正多瘴癘尤甚
台旌似無庸深入諒山地居適中首尾皆可兼顧請
麾旌定奪為要 李傅相駐滬調度若彼族求和或不
至有戰事並越南既開兵端不妨背城借一惟聞法夷有
求助俄人之說俄船已到海防未識確否西貢法官擅索
中國存米充餉已函告沅帥轉詢 傅相矣手肅敬問
勳安伏祈 珍衛不宣弟文蔚謹啟五月十二日

正封發問，得十三日

惠書，知邊關氣候不齊，甚費調攝，惟

起居綏勝爲祝。省城八月亢暑較伏日更甚。昨夜轉西北風，密雨一陣，晨間解凉。左相差來之吴副將，代王方伯押解廿營軍火，據稱送存桂林，而左相無一公牘私函，却不能收受。吴副將云擬出關一探。以刻下局面觀之，越雖與法和，法未必與劉和。八月初一、二、三日之戰，已在越都議和之後，劉團仍當隨時嚴

正封發間得十二日
惠書知邊關氣候不齊甚費調攝惟
起居綏勝為祝省城六月亢暑較伏日更甚昨晚始西北風
寄雨一陣晨間稍涼左相差來之吳副將時代王方伯押解甘
營軍火據稱送存桂林而左相無公牘私函却不能收受
吳副將云擬往生闌一探以刻下局面觀之越雖與法和法未必與
劉和八月初二三日之戰已在城都議和之後劉團仍嘗隨時窺

1890

密防禦。凌鏡涵來信，港報月前即有和約十三條之説，恐總署得信，不待弟之奏報也。每次急足，可謂飛速，從未遲至，第九日惟敝署親兵，先後兩起，皆未見回：一起送藥丸兩名兼問近祉，一起由間道赴北甯兩名，計已匝月，是兵勇萬不能敵夫役矣。振帥咨稱鏡涵在東面訂採買軍火頗足，撥各屬倉米以餉邊軍事極妥當。尚未詳到四川協餉多少有無，迄未得復信。中國同一事不能一心，所以難辦在此。謹又啓。八月廿日辰刻

1890

塞防與潘凌鏡涵來信，謊報月前即有和約十三條之說，恐揣罷得信不待再三業探也。每次急足可謂飛遞，從未遲至第九日。惟凝罷一隊兵先後兩探，皆未見回。一起送藥丸兩名、葉聞遊訊一起，由間道赴北穿兩名，計已兩月。星兵勇萬不能敵，夫役矣。振帥滔稱鏡涵在東西打探，要軍火須足，撥兌屬員來以餉邊。軍多極要，當未詳到四川協餉多少有無，急速來信復信。中國同一事不能一心，所以難辦。在渠復手啟，八月廿日辰刻再，廣東吴碧山軍門所部輪船，經沅帥奏明，現已燀倏，然以之禦敵，却不足恃，故未令其遠涉重洋，輕於一試。鄙人略揣時勢，終歸和局。不過越南稍能自彊，不至如琉球之夷爲郡縣，雖和而尚可圖存耳。越人所求，不妨允行。法人責我招商之米，毁我招商之埠，又復勾引俄國之船，詎遵萬國公法耶？慶池、卉亭兩兄同住否？又啓。

再廣東吳碧山軍門所部輪船經沅帥
奏明現已煇備然以之禦敵卻不足恃故
未令其遠涉重洋輕於一試鄙人略揣時
勢終歸和局不過越南稍能自彊不至如
琉球之夷爲郡縣雖和而尚可國存耳
越人所張不妨先行法人責我招商之来毀
我招商之埠又復勾引俄國之船護送萬
國之法耶　夔池　弃亭兩兄同任吾又無

釋文

弟裕釗謹稟

係由保定書院寄者

二兄大人侍前：八月初旬，在都中接奉六月廿日手諭，知家中俱平安爲慰。惟吾鄉水、旱二者兼而有之，甚以爲念。入秋以後，收成稍可否？寄到潭姪課文數篇，弟觀其工夫已十有六七，四甥所改亦好，惟兄所改時有過火處，弟意殊不必如此。大抵時文理法，只要大致不差便是，過於求深，甚非試場所宜。且出題亦只宜取單句題、口氣題之生動者，間以截搭

寒香曉雨（朱）

香書軒（朱）

1823

鈐印

張裕釗

027

1823—1894

字廉卿，號濂亭。

湖北武昌（今鄂州）人。

清末散文家、書法家。有《濂亭全集》。

弟諧劉謹拿

二兄大人侍前八月初旬在都中接奉六月廿日

手諭知家中俱平安因擲惟安御水旱二者並而有之

係由保定書院寄去

甚以為念入秋以後收成稍可否寄到陳猛課文數

篇弟觀其工夫已十有六七四錫所改亦好惟

先所改特有過火處弟意殊不必如此大抵附文理法出

要大段不差便是過於求深甚非試場所宜且出

題亦亦宜取單句題以氣題題生動者間以截搭

光緒丁丑孝昌張氏導谿製箋

1894

題佐之，其截下題不宜多做，至題位太窄之題竟不必出。今之世，取高第巍科而懵然於此者，蓋亦多矣。夏日范肯堂來此，感稱潭姪天質之美，謂但恐爲鄉曲俗學所汩，神志無由發舒，不能充其所至，如此則殊可惜。其言甚合弟意。弟竊謂潭姪一日之內，只宜以半日做考試工夫，以半日讀書學古，開益其神智，展拓其心胸。但純心不間斷，只此已足。

兄遇有暇日，可時時携之至省城，訪求有品行有學

鈐印

收藏印（朱）

寒香曉雨（朱）

香書軒（朱）

1894

題佐之其截下題不宜多做至題位太窄之題竟不必出令之世取高第巍科而犧牲於此者蓋已多矣夏日范肯堂來此感梅澤蛀天質之美謂但恐為御曲俗學所汩神智無由發舒不能充其所至如此則殊可惜其言甚合弟意（但使心不閒甚是此之謂也）弟竊謂澤蛀一日之內只宜以半日做考試工夫以半日讀書學古開益其神智長拓其心胸

右漢大吉壺暨古玉圭文竝獨山莫氏拓本

光緒丁丑宜昌張氏導臨製箋

先有遇有暇日可時時携來至省城訪求有品行有學

識者三數人或一二人，與之往還，使得與聞緒論，增益聞見，殊勝終歲株守鄉曲，坐井觀天，他日成就必有不同。即兄亦得藉此陶寫爲樂多矣。弟以九月初六日返至書院，沆兒鄉試文亦頗可望，榜發，仍復不得。此事原非易易，即不得，亦自可聽其自然，但須能讀書明道理，便自受用無窮耳。今令其歸家省視，屬令第一必將葬事辦成。其一切非筆墨所能罄，均可令沆兒面禀。兄年老，决不能更爲此事勞神，且令沆兒勉强辦理，

收藏印（朱）

寒香曉雨（朱）

香書軒（朱）

鈐印

識者三數人或一二人與之往還，使得與聞緒論，增益聞

見，殊勝終歲株守鄉曲，坐井觀天。他日成就，必有不同。即

先亦得藉此陶寫為樂。每年第以九月初旬過玉書

沇兒鄉試文亦頗可望獲售，倘復不得，此事原非易易，

即不得亦自可聽其自然。但須勤讀書，明道理，使自受

用無窮耳。今令其歸家省視，囑令第一必將葬事辦

成。其一切紙筆墨硯能應均可令沇兒面寄。

先年老，復不能更因此事勞神，且為沇兒勉強辦理

光緒丁丑益昌張氏遵寺臨製箋

釋文

但屬其事事必禀命而行，庶不至舛謬也。小山乾脩四十金，裕强卅金，玆并付沅兒帶歸。昨接次源信，知已入漢口釐金局，甚可喜。運氣稍轉，或從此當有悔悟之機邪。十月初一日，弟裕釗謹禀。

（朱）收藏印

（朱）寒香曉雨

1823

鈐印

但屬其事〻必竟所行庶不至舛誤也小山札

脩四十金裕强卅金兹并付沅兄帶歸昨接沅源

信知已入泮白璧金尚甚可喜運氣稍轉或從

此考有悔悟之機耶　十月初百弟裕釗謹字

右漢大吉壺暨古玉圭文竝獨山莫氏拓本

光緒丁丑武昌張氏導臨製箋

1894

釋文

今日午候有暇，望（兩三點鐘）
過我一談。如有事，或明日也。此頌
鶴亭仁弟元祉。 㬅伽便啓 初九

送

冒老爺

鈐印

（朱）曾越雷池

（白）滄葦公後季聰藏印

1823

葉衍蘭

028

1823—1897

字蘭臺，號南雪。

廣東番禺（今廣州）人。清代學者。

有《秋夢庵詞集》。

釋文

元旋在即，亟思一談，并有書本面交。紈扇已繪就，亦同致也。午後過我爲望。

鶴亭仁弟

兄㚷伽拜手 十八日

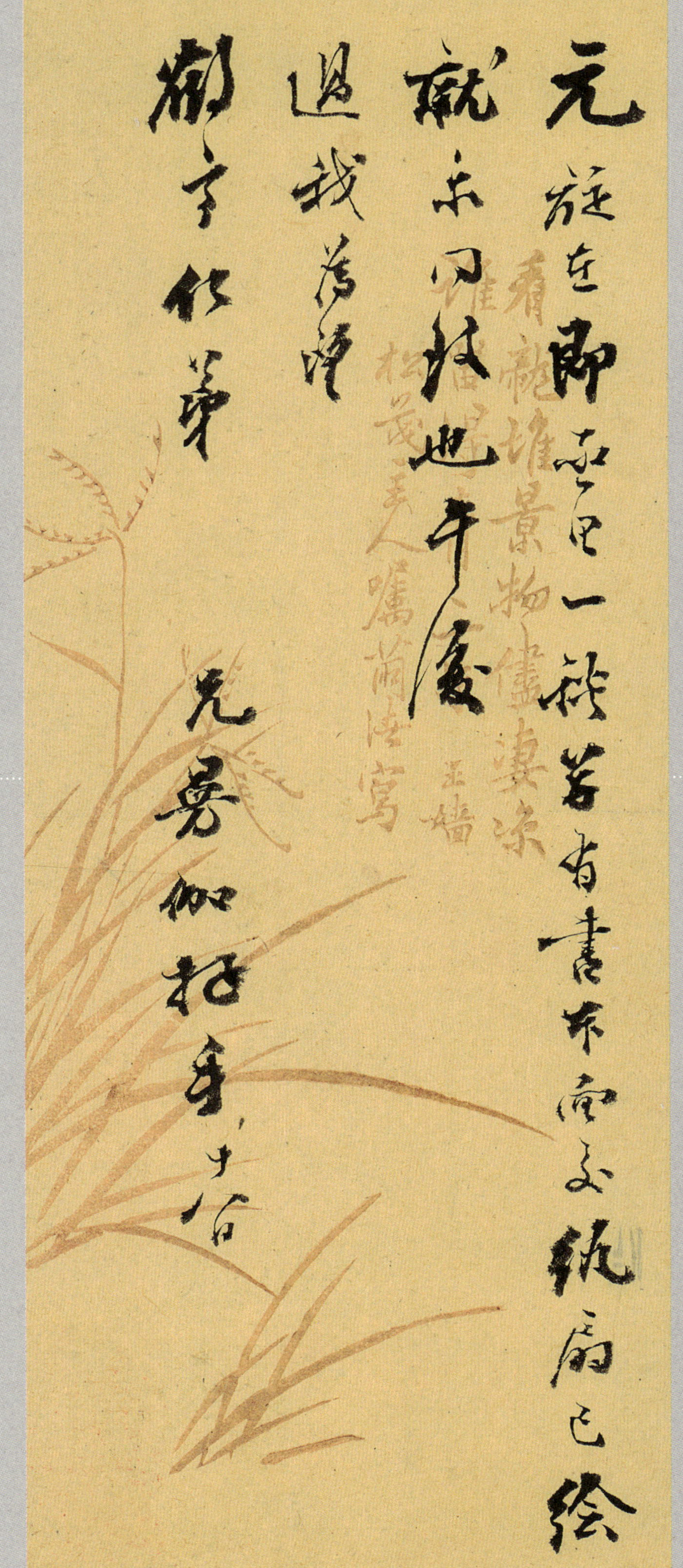

1897

释文

昨承

枉顧，屬請　鮑軍門移師赴瑞，兹繕一

函奉呈，

閲後即加封，專差速遞，或排單至九江一帶

探交，無任紉荷。　制帥處今早亦稟商矣。

中丞調度，主見若何，望示一二。此布，即頌

德圃仁兄方伯大人勛祺。　弟李鴻章頓首

廿日

1823

029

李鴻章

1823—1901

字少荃。安徽合肥人。

道光進士，清末洋務派和淮軍首領。

有《李文忠公全集》。今輯有《李鴻章全集》。

昨承

枉顧，屬請鮑軍門移師赴瑞，並繕

函奉呈。

閱後即加封專差速遞，或排單至九江一帶

探交，無任細荷。朱帥處今早亦寄商矣。

中丞請度，主見若何？望示一二。此肅，即頌

滌園仁兄方伯大人勛祺。弟李鴻章

廿日

卧蚕紋

虚白齋仿古

1901

釋文

螺青仁兄大人閣下：日前接初十日
手書，敬悉一一。吾
兄在任一年，遇旱灾，辦大差，人所共知，此次
交卸，尚有賠累，亦爲人所共諒。義翁向來
處事平恕，交代一切，必可商量。頃於致函
中述及，好在非吾
兄所託，不過各盡友朋關切之誼而已。舍姪孫

1824

030

錢應溥

1824—1902

字子密，别字保順，晚號閑静老人。
浙江嘉興人。
清代書法家。著有《葆真老人日記》。

釋文

此次來秣，述及吾
兄於常例之外，兩次厚餽，令人感沕無已。惟現
在病勢極危，日内正不知如何，懸系萬分，頃切
懇義翁照拂。吾
兄如尚未回蘇，亦求加意優待，感同身受。草
沕，即頌
台安。不具。　愚弟應溥頓首　十月十九日

釋文

子禾仁兄大人閣下：午前趨訪，值
台從出門，未獲晤談爲悵。
閣下請假返里，正值天氣炎熱，祇可早行
早宿，較爲涼快，過午即不能行矣。
還朝之期，計在冬初。半年之別，奚啻三
秋。前留
尊處《大觀帖》一册，擬先取回，公餘展玩，亦足
爲消夏之資。俟

1826

031

徐用儀

1826—1900

字吉甫，别字筱雲。
浙江海鹽人。咸豐舉人。
著有《竹隱廬詩存》等。

釋文

閣下回京後，尚擬敬觀
尊藏精本也。
行期約在何時，遲日再當詣送。手肅奉
布，敬請
台安。惟希
澄照。不宣。
小弟徐用儀頓首
十九日

1900

閣下回京後尚擬敬觀
尊藏精本也
行期約在何時遲日再當詣送手肅奉
布敬請
台安惟希
澄照不宣
小弟徐用儀頓首
十九日

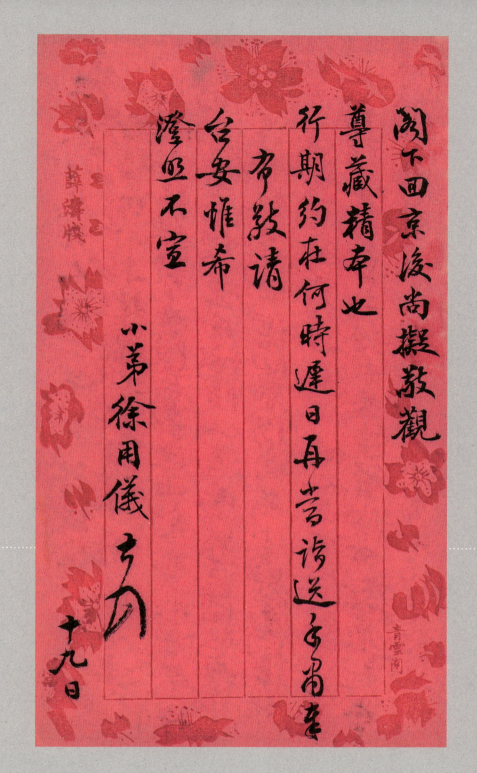

釋文

手書敬悉。批迴力催方發下，薇署公事之寬緩如此。茲交行五兄送上，祈督收附養，以便定册。城隍一事，亦須了清，以省後言也。笙老信奉去。（連伊來片二紙）渠回省後，不曾上過衙門，諭乎云云，未必有也。大約加貝之説，亦未可定。餘干事不意竟據實具禀，題目不甚佳，以致大碰。幸太尊能忍，則尚可置之不問耳。省中説老鄭事，

1829

032

趙之謙

1829—1884

初字益甫，號冷君，後改字撝叔，號悲盦、無悶。浙江會稽（今紹興）人。清代篆刻家、書畫家。有《補寰宇訪碑録》等。

釋文

說陳帳盡落毛缸事，笑話甚多。如此奮勇，何
如怯懦耶？浙中新鬧查荒案，大約有一番冤
帳，不知何人受大累。此事一定，則南米定章之弊
發，異日必有身家性命同時完結之知縣矣。做知縣，
怕上司，一味將順而暗地設法，其害如此，吾終不以啞
狗魘貓爲秘傳也。附聞一笑，餘容面罄。復請
少翁仁兄先生大人侍安。弟期之謙頓首

吳省庵藏（朱）

鈐印

釋文

新事兩條奉聞。建郡節壽奎任奉文後已裁串，故去年冬不送，而該家人等言乾禮奉功令不收，而加一乾門包仍須照送，各縣一律，獨廣昌不送，以家人不在功令之内也。鬧來已十餘次，現未送。如必要，須改名目，必其主人翁開口討餞方可，已與伊幕賓言之矣。委員生意之佳（從來所無，內有一二人大發厥財。）無出其右一事，上控即查辦，外縣固受累，首縣夫馬日不暇給，亦受累。要處處見好，尚不知外縣不敢言，首縣暗暗叫苦也。本年尚少，當有所聞，隨勸一聲，不可到極處萬不可用也。其速寫信來令歸。

1829

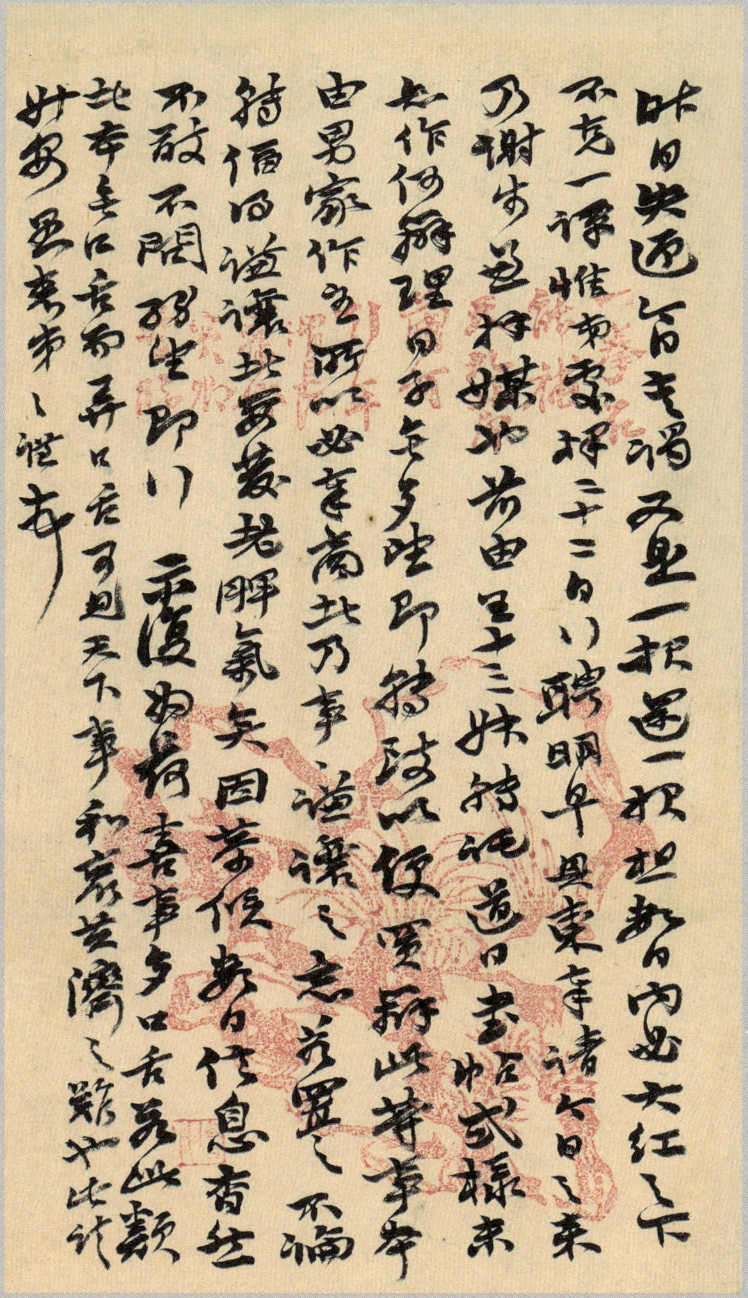

釋文

昨日失迎，今日去謁，又是一報還一報，想數日内必大紅之下不克一譚。惟弟處擇二十二日行聘，明早具柬奉請。今日之來，乃謝步兼拜媒也。前由王十三叔轉託道日書帖式樣，未知作何辦理。日子無多，望即轉致，以便買辦。此等事，本由男家作主，所以必奉商者，乃事事謙讓之意。若置之不論，轉偪得謙讓者要發老脾氣矣。因恭候數日，信息杳然，不敢不問。務望即行示復爲荷。喜事多口舌，若此類者，本無口舌而弄口舌，可見天下事和衷共濟之難也。此請升安。愚表弟之謙頓首

釋文

旭初仁弟大人閣下：峻軒抽空回里，述悉
長者關垂無微不至。日昨
冒雨而尋總辦，尤徵
雲天高誼，感佩靡涯。兄今歲賣字賣文，尚有陶
甄講舍一席，勉强度日。明歲則書院之費盡改
學堂，兄又不願厠身學務，窮老孤僻，如何下去？我
弟能爲代想方法否？兩兒俱不得力。次兒尚有製造
局文案一差。恭兒去歲得海運差，淹留滬上，差竣

張鳴珂

033

1829—1908

字玉珊，一字公束，晚號窳翁，又號寒松老人。

浙江嘉興人。

清代詩人。有《寒松閣集》等。

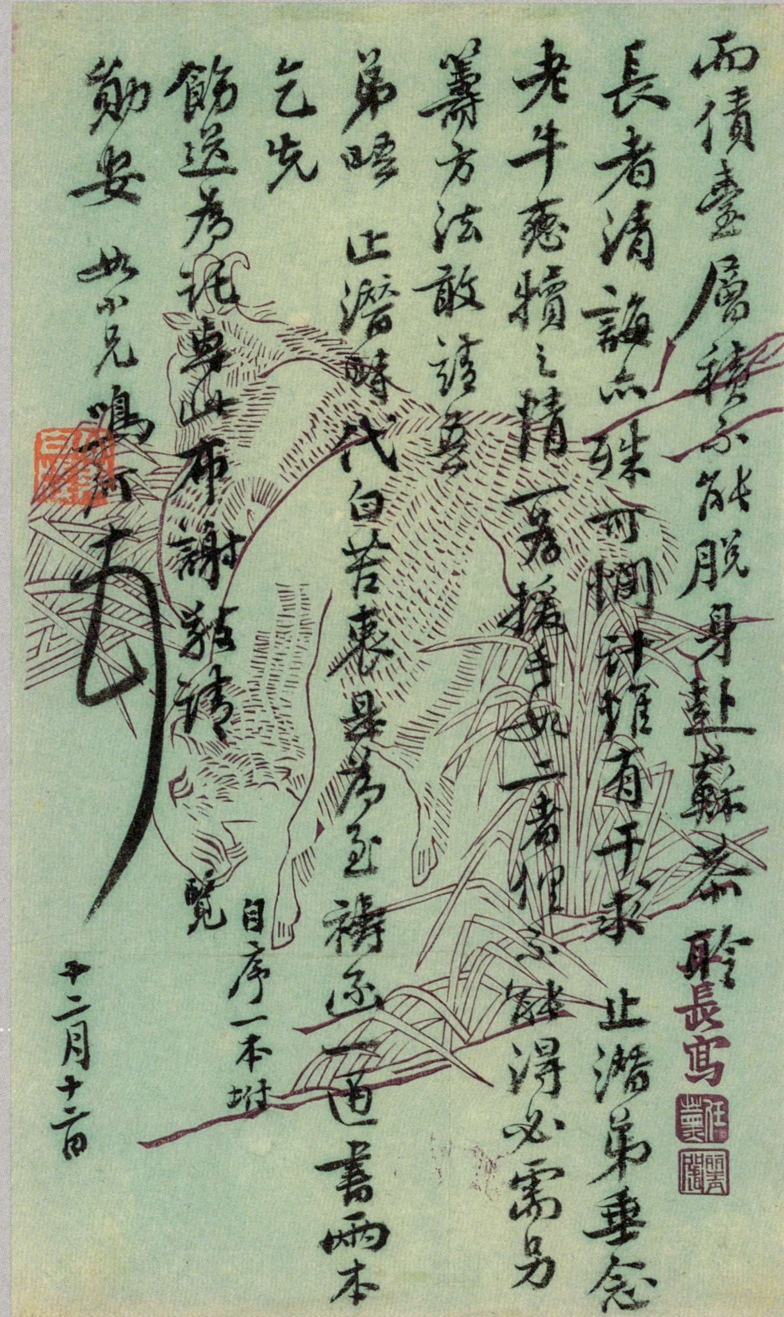

釋文

而債臺層積，不能脱身赴蘇恭聆
長者清誨，亦殊可惘。計惟有干求止潜弟，垂念
老牛戀犢之情，一爲援手。如二者俱不能得，必需另
籌方法。敢請吾
弟晤止潜時代白苦衷，是爲至禱。函一通，書兩本，
乞先
飭送爲託。專此布謝，敬請
勛安。如小兄鳴珂頓首
自序一本坿
覽。
十二月十二日

鈐印

（白）公東白牋

1908

仲脩仁弟先生如胞：久不通問，甚念。頃接二月杪
手書，知
台從已還皖垣，並有武林之行。月初，胡子樵轉餉北上，曾附
一函，想已無從投遞矣。松溪謝世，思之腹痛。子長言旋，聞
之甚喜。吾
弟榮補含山，尚當作出山之雲。兄以文字見賞青蓮，節署
挍文，甲榜三人，而獨手書一紙，屬啚人彙總，其意甚殷拳也。
陋室入都，臨行開單交署藩瑞公，聞有啚人在內。讞局勞

鈐印

寒香曉雨（朱）

香書軒（朱）

仲倩仁弟先生如晤，久不通問，甚念。頃接二月杪
手書，知
台從已還皖垣，並有武林之行。月初胡子樵轉餉北上，曾坿
一函，想已無從投遞矣。松溪謝世，思之腹痛。子良官方旋閩，
之甚喜。吾
弟榮補合山，尚當作書由專函雲觀察矣，字見賞青蓮節署
投文甲摘三人，而獨手書一紙，屬畫人黛繪其意，甚殷拳也。
隨宦入都，臨行聞華亭署藩瑞公問有畫人在內獻局勞

釋文

績已奉制軍批准註册，且看春夏之交，或有機會，未可定也。芍卿來省送行，昨晚趁伊船泊滕王閣下，連牀夜話，興致尚好。臨川部文將到，而已有人覬覦，欲告迴避，圖調補也。子仲將發，匆促泐此，不盡萬一，即請升安。不具。　如小兄鳴珂頓首

子因在善後局，屬筆道候。

三月十九日

1829

鈐印

（朱）收藏印

（朱）寒香曉雨

績已奉 制軍批准註冊且看春夏之交或有機會未
可定也 芍卿來省送行昨晚趁伊船泊滕王閣下連牀夜
話興致尚好 臨川 郡文將到而已有人覬覦欲告迴避圖
調補也 子仲將蒞設局促泖此來萬一即請
叔兄 鳴何
有
升安 不一
子丹在善後局屬筆道候

三月十九日

晉大亨四年爨寶子志石 細林山館鉤字

1908

釋文

又焦山鼎及戲伯鼎二件必須裝入。

此上

石查仁弟　蔭頓首

廉生均此。

1830

潘祖蔭

034

1830—1890

字東鏞，一字伯寅，小字鳳笙，號鄭盦。

江蘇吴縣（今蘇州）人。

清代書法家、藏書家。有《陔蘭書屋詩集》等。

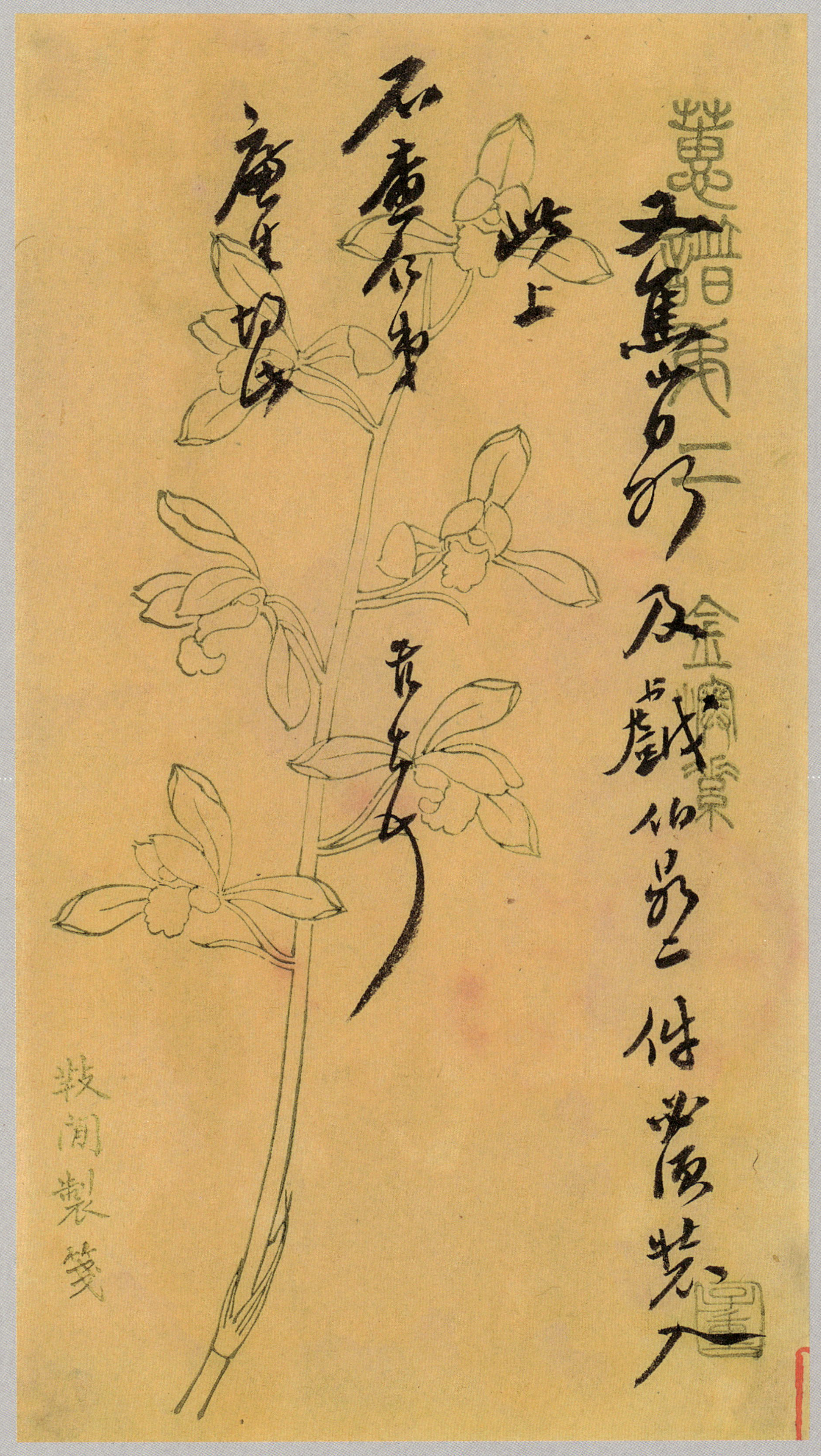

來示具悉。攷今之意甚是。即若
具禀函中稱兄已面允云云列入
禀中，屆時尹憲未便駁斥，而兄
亦有所藉口也。容再走謝。敬請
子英仁弟升安。　兄期蔭頓首

承
惠素幛，不敢不領。敬謝。兄艸土餘土，不忍言壽也。

1890

來書昨仍交之云甚慰即若
足下日前辭之面允云列入
字中居時 平寫來便驗作函見
示者所藉以也 字存老得奉請
台安 弟 頓首 九頓首
承
惠書悟不能不叙 九州土修土不思之者也

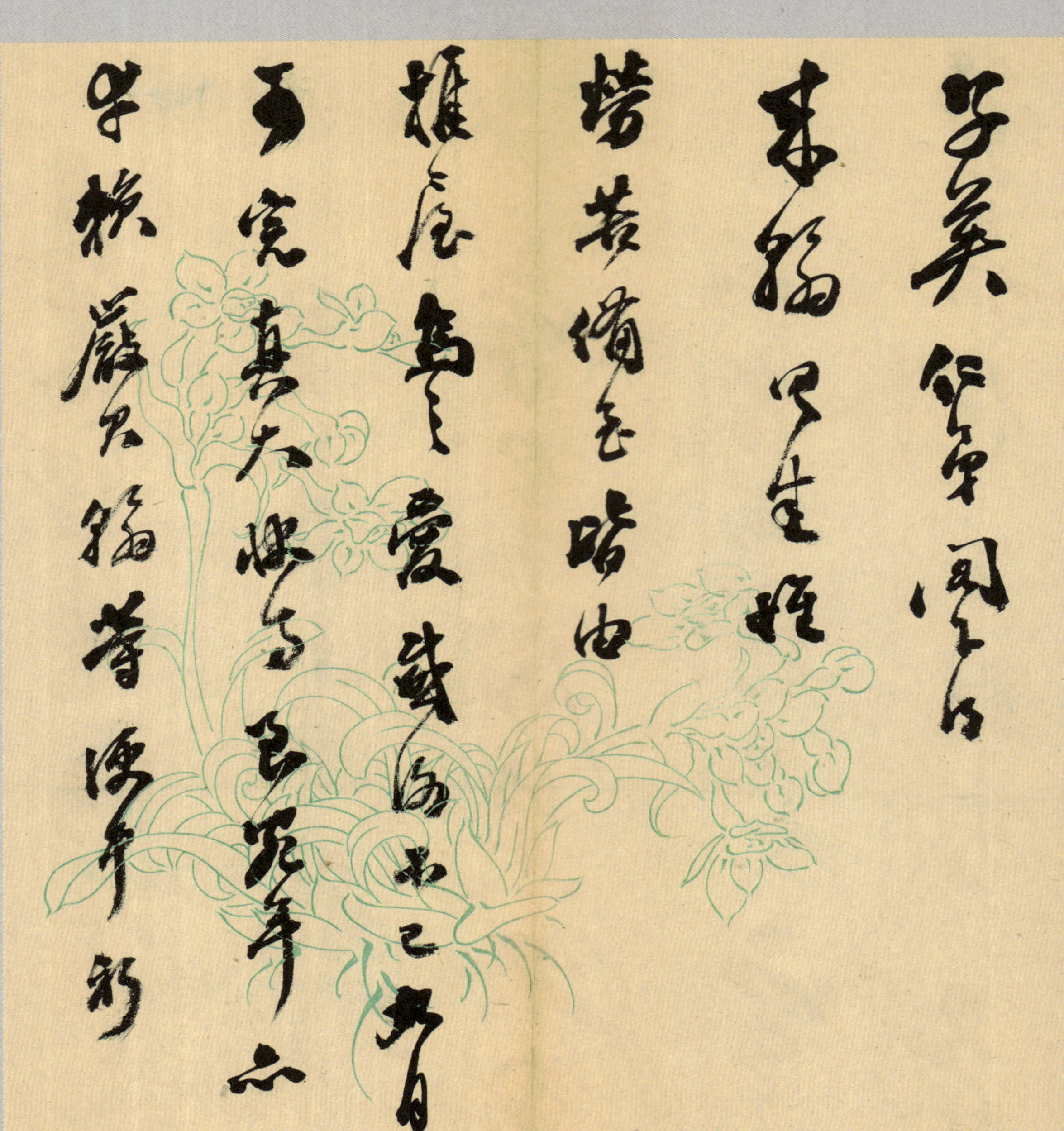

1830

釋文

子英仁弟閣下：得
來翰，具悉。惟
勞苦備至，皆由
推屋烏之愛，感謝不已。九月
可完，真大快事。至宛平亦
幸賴嚴君翰等，便中祈

1890

釋文

將其號開示。房、宛兩縣出力商紳，擬俟寶坻餘案發出後，另作一餘案也。再，吴懋鼎欲歸入寶坻餘案，其捐款至今並未交來。附及之。此頌，並謝

升安。　愚兄期蔭頓首　八月廿七日

释文

子英仁弟大人閣下：得
手書具悉。知宛平等處又勞吾
弟，不勝欣喜之至。但吾
弟未免太勞，兄將何以自安？不敢

1830

釋文

泛泛言謝也。内廷忙極，日寫數百件，不及多述。專此布謝，即頌勛安。　兄期蔭頓首　初七日申刻

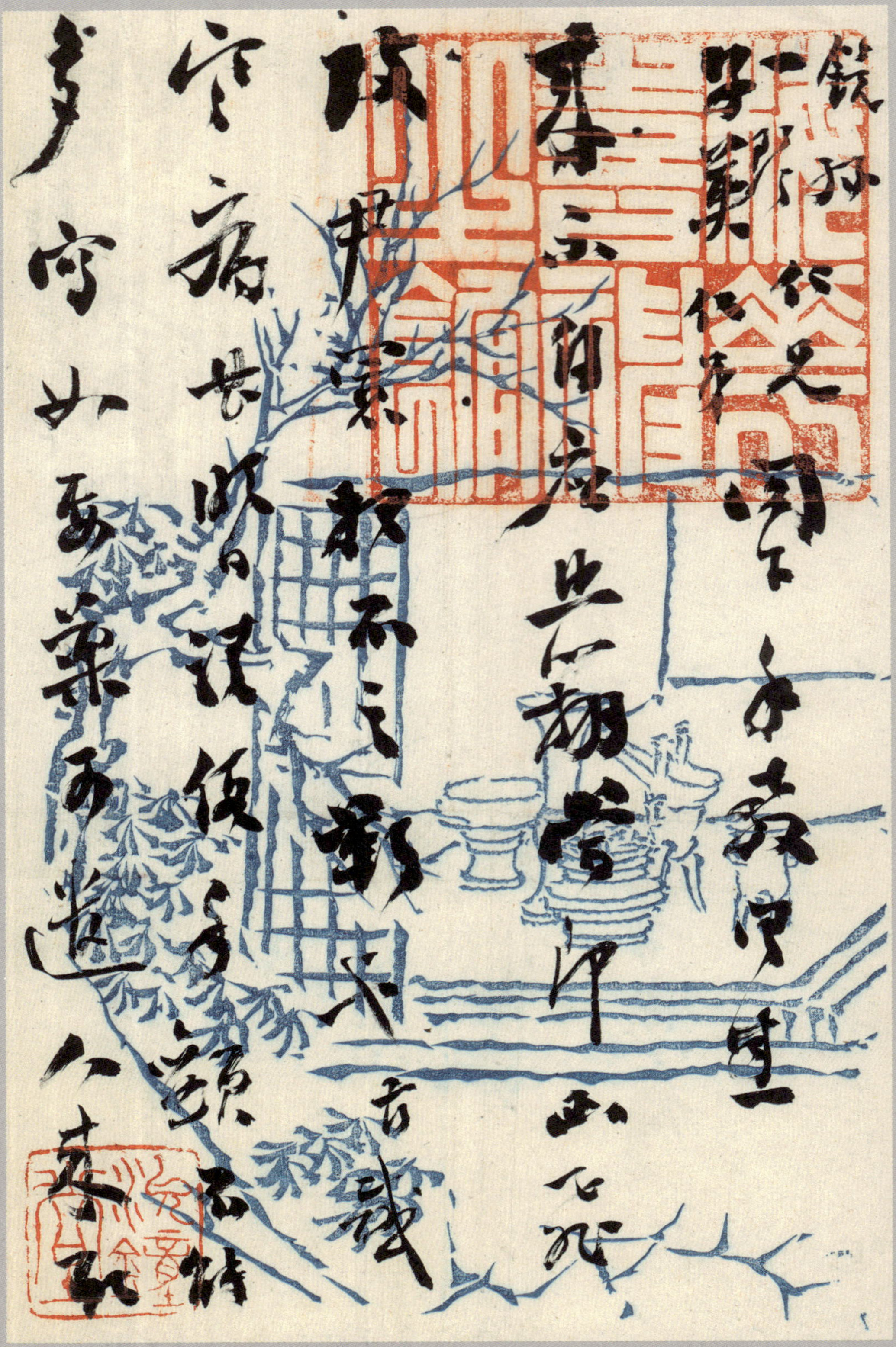

釋文

（白）梅花喜神之館

鏡孫
一琴 仁兄閣下：手教具悉。
子英 仁弟來示自應照辦，當即函飛致尹憲，想不之靳也。蔭感寒痛甚，昨日請假，手顫不能多寫。如要藥，可遣人來取，

1830

（朱）沇鐘堂

鈐印

釋文

因咫來一人也。敬請
升安。陰頓首

（白）

梅花喜神之館

鈐印

（白）

十部鐘堂

釋文

秋末雨中寄懷
乙盦同年比部病起

天與安禪六尺牀，鶯鳩相竝息榆枋。
耳邊落葉知秋尽，眼裏空花驗
夜長。尹僕夢醒誰得失，單張內
外孰隄防。羨君對聽三間雨，况
有陔蘭入饌香。

慈銘翦鐙寫稟

鈐印

李悉伯（白）

1830

李慈銘

035

1830—1894

初名模，字式侯，改名慈銘，字愛伯，一作悉伯，號莼客。浙江會稽（今紹興）人。清末文學家。有《越縵堂詞録》等。

秋來雨中寄懷

乙會同年比部病起

天與安禪示人牀鷺鳩相話息欹枕
耳邊落葉知秋老眼裏空花臨
夜長尹僕夢醒誰得失季張肉
外瓢隱防羹 君對臨肩雨浣
有陵蘭入饌香

慈銘舊鐙寫豪

1894

釋文

贊虞夫子大人函丈：自聞拜出守昭通之
命，私衷宛結，妻欲上言，爲國惜人，爲臺
争禮，皆緣公誼，非出私情。既聞同鄉某
禮部擢守蘇門，以取巧詭留之人，甫畢
殿工，即得雄郡，彌以憤鬱，欲并言之。既思
方面之榮，皆由
特簡，地之遠近，缺之美惡，非臣下所宜言，恐無
益臺綱，轉取罪戾，反爲言路之累，故嘿而已。
然吾
師此行，雖有行李之憂，實增科道之重。
外間稍有識者，比之昌黎潮陽、六一夷陵。以
慈銘論之，直不啻登僊。滇池洱海，咸仰
風采，敷布之廣，不獨益郡之幸也。慈銘比年

（白）曾藏啓東袁偉處

鈐印

贊實夫子大人函丈自閏拜出守貽通之
命私衷竊倍喜欣上言爲國惜人爲叢
爭競此語云誼非出私情既同同鄉某
禮部擢守蘇門以雅巧詭留之人甫畢
廄工即得雄郎猶以懷懟聲歎荐言之既思
方面之榮此由
特簡也也之畫近諫之美惡非垂下所宜之延筆
蓋臺閣將秋厲友爲之誑之累故嘿而已
甚矣
蓮此少雖有行李之事空坐耕道之章
如聞稍有說者此之爲蔡潮陽六一甚陰以
者流議之且不奪登徐濱池溥海威御
風采數郡之廣不獨善郡之幸也某況此筆

松竹齋

1894

釋文

老景日甚，今冬尤苦氣喘，少一行動，即促
欬不止，尤畏上車及應酬跪拜。崦嵫已迫，理
不久長。欲歸無由，待盡而已。昨日賤辰，同人枉
過，既力辭不得，又不能不見，酬答行禮，今日遂不
能舉足。頃命小兒孝銮趨敂
歲禧，代呈微贄，諒蒙
鑒納。婁欲治筵，奉攀
師駕，迫於歲莫，苦無暇日。兹奉上果饌一席，
伏希
莞存。前聞尊紀言，
台從須明春世兄公車到後治行，再容走謁。
肅此，敬敂
年福不備。　慈銘頓首　小除夕前一日

（白）袁偉寶志

（朱）啓東袁偉夢魚齋藏學者書畫

1830

鈐印

垂示具悉。令兄尤若泉喘少一行旁即往

顧不止尤甚上車及石磁碗於噓噓已退理

不久長孫歸黃由行者亦已照日以伊同人柱

道院力尋不得又不敢不見融春小姪今日益不

能常至故命小兒奉臺趨謁

歲積代呈徵賢孫學

鑒閣李稼治延聿擊

師駕迫於歲暮甚無暇日當於年上晏後一席

伏希

莞存爲荷 弟沅宣

令侄孫昨去 世兄女來時因爲治行未寄先謁

肅此敬啟

年禧不備 慈銘頓首 小除夕前一日

1830

釋文

次瀟吾友足下：數月未通
問，想
體中安和，
眷聚均吉，一切政事馨
無不宜。穀士來，首稱
足下之能，而以不能展布爲
憾。許君亦謂中州賢者
惟吴與陸，則公論可知矣。
仕非爲貧，乃仕而益貧，
此意可想。龢去冬多病，

036

翁同龢

1830—1904

字聲甫，號叔平，晚號松禪、瓶廬居士。
江蘇常熟人。清末維新派。
有《瓶廬詩文稿》等，今輯有《翁同龢全集》。

釋文

春夏較健，自斌孫入闈，
而璪璪家務亦須料理。
其他子姓歸者歸、遠者
遠耳。公事忙而無益。
各省告匱之信，往往爲之
徹夜不寐。河議粗有端
緒，雨好可望麥秋。餘無可
談者。南信時至，連甥安
善，斡甫行。艸艸，奉候
近安，並合寓好。
同龢頓首
四月十日燈下

釋文

次瀟吾友足下：頻辱
書問，雖少酬答，豈伊不思。
即日惟
動定安勝。穌自聞吾姊之
變，益多病，遂若無意人

1830

釋文

世。連甥之生母亦已物故，煢煢奈何。葬期在秋冬，竟無歸吳興之望，爲之永歎。賢室倉猝赴常，留數日即返。此家書中言之。菉姪大病

釋文

幾死也。
客況深悉。會當有申時，切
莫汲汲。局差薪水已到極
處，若改途，則嘗得相公手
畢矣。吾輩當視荆棘

1830

1904

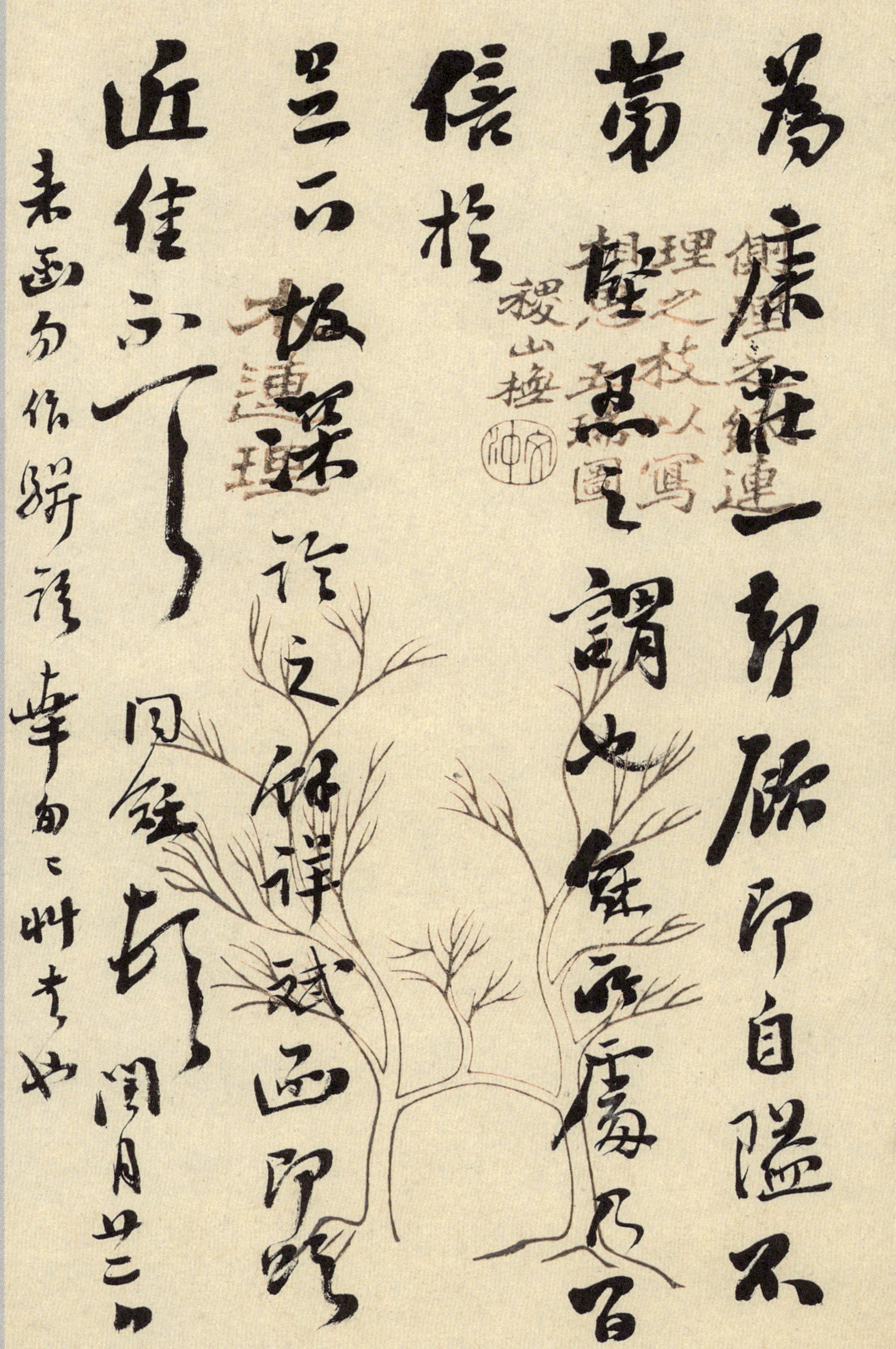

釋文

爲康莊，一却顧即自隘，不第堅忍之謂也。穌所處乃百倍於

足下，故深論之。餘詳斌函。即頌

近佳。不具。　同穌頓首　閏月廿二日

來函勿作駢語，幸匆匆艸書也。

穀老道長同年師友：別後曾致起居，附箋仙函，懇便寄早達左右。近日興緒如何？聞見不可思議，佛言不可説，子曰如之何。海隅填土終乾净否，不可知。道眼以爲何若？《豫恕叢書》近日有無寫刻？嚴校議議，何不以已寫之樣寄我，日内能交子虔，即有陳藍洲妥便。願爲校一清本以逭咎。至兄已刻書，能畀一二分爲盼。子長令弟旅况維艱，愛莫能助。率爾布肊，即承道履。　願學年小弟譚獻頓首　瑜兒前在滬護婦幼移鄂，乃患天花，故未趨前。今全家已於廿一日到山齋矣。坿陳。

譚獻

037

1832—1901

字仲修，號復堂，原名廷獻，字滌生。

浙江仁和（今杭州）人。

清代文學家。有《復堂類集》。

穀老會長同年師席：別後曾致
起居，附呈仙函，迴便寄早達
左右。近日興緒又何尚？覺不可思議，佛之力乎？
說與白如之何。海淵填土，後能渾而不可知
以呈眼以為何？若豫急業乎？近日有無寫刻
嚴校譯、何不以已寫之樣寄我？日內能否寄來，即有陸曼洲要便薦為
校一清本，以進告函。
兄已刻者能界一二分為贈。子長令弟旅況維佳爱
並能助東京商印行
是禱。
劉同年小弟禺生頓首

璘兄前在院獲歸功移
鄂大衆天花切未題
前人令家已於廿日到山
齋頭姊陳

1901

穀成老兄同年先生師資：僕回，持奉還教，並經先生盛意具感，並知鶯遷在即，不識十鄰遠近如何？日來風雀小定，然使者未去，要約如何，正恐未可安枕。定賃租界之屋，陳君遷出，徑乞代租，年檻苟安過後，再作遷計。倘能中止，不惜此十七元半。元夕前後，或親詣，或專函，以決蟬聯與否。廚竈自來水小費亦當例認。惟歲晚之事，此項或匯劃，或專寄，或墊後面交，仍取續誥進止。祇承白叔在滬，奉訪不得共門，今已回里，亦開春再覲動靜矣。痊吉，並志感荷。豫恕堂板樣有紙一包，梓人寄上矣。

願學年小弟譚獻頓首頓首　兒輩叩　十四

毅成老兄同年先生阁下顷傈回 指事

還教悉 徐先生盛意具感至云

贊承寵遇幸即不識十載邇近如何日來風霾小定

諸使若未去要何如何正恐未可安枕宜香費租界

至屋陳君寵遇出經之代租年櫃已後一再作

還計尚能中止不惜此十元之半元多算後式觀

論或專寄以決辭誤與否廚房自來水小費亦當例

認惟歲晚之事此項或延遲或專寄或搬運俱一併豫

仍取續諾延止祇承白沐東屆專函不日具令已回異常開寿再[illegible]勒靜矣

庶吉兰志感荷 謦欬堂 板樣有紙一包樣大字上

矣

[illegible]年小弟譚[illegible]頓首 以學叩 十四

釋文

虛谷仁兄先生道席：蜀都快聚，獨闕延
尊。冬杪驪歌，乃承
賜餞。友賓爲主，荷
德增慚。春信俄催，
燕間多福。遙瞻
清塵，彌憬欽懷。闓運順江放船，途中順利，嘉
平三日，幸抵家門。人事悤忙，妻孥悲感，

1833

038 王闓運

1833—1916

初名開運，字壬秋、壬父，號湘綺，湖南湘潭人。

清代文學家、書法家。有《湘綺樓詩文集》等。

釋文

固不及去年光景。然鄉園多趣，故舊經
存，比之客處思哀，又亦較勝。湘中冬煊似
蜀，昨始稍得北風。左相假歸，五日即赴上元。
畫錦之榮，有如洪經略會館行香之迅疾，
熒煌炫轉，石火電光。闓運歸來稍遲，已不及面
聊，書新事以助
雅談。珍重。不具。闓運頓首　十二月七日

釋文

君表先生知己：白門一別，倏已十日，未知金焦之遊，何日渡江而南，訪拓宋元石刻，有何新得乎？兄爲痔疾所累，終日困卧，殊覺悶人，意非内外兼治不可。現赴孟河馬培之

1835

039

吴大澂

1835—1902

字清卿，號恒軒，又號愙齋。

江蘇吴縣（今蘇州）人。清代文字學家、金石學家。

著有《字説》《恒軒所見所藏吉金録》等。

君表先生知己：白門一別，倏已
十日，未知
金焦之遊，將何日渡江而南，訪拓宗
元石刻，有何新得手？元為病
疾所累，終日困卧，殊覺悶人。意惟
內外兼治不可，現赴孟河馬培之

釋文

家，請其用藥敷治，能得腫消膿止。稍有效驗，即解維而歸，重陽計可到家。聞王筠莊痔漏生管，經馬公醫治而愈。此老於外科必有把握也。孟樸三場十四藝，必當録出清稿，以備硃卷全刻。聞葉菊裳

1835

釋文

今冬告假南旋，兄擬延訂來舍，專修《關中金石記》。能有一年之功，此書可望有成也。歲月蹉跎，衰病如此，不知奢願何日能償耳。手泐，敬頌侍福。百不盡一。如兄制大澂頓首

次公、師載兄二函乞轉交。辛卯八月廿七日錫山道中

齋　窓（白）

鈐印

1902

釋文

利叔尊兄先生左右：久不通訊，于金陵晤同鄉，始知去年曾游楚中，近已歸浙，更客太倉。盈盈江水，人事閒之，不得通一櫂以相從也，傷何如矣。朢近有志述《明略》一書，仿周保緒先生《晉略》之例，惜所藏明代史集二部甚少，足下能助我搜訪否？又病《皇朝經世文編》太厖襍，欲更删輯次爲一書，同時諸公之文亦爲

（朱）臻和齋藏

（朱）寒香曉雨

1837

鈐印

戴望

040

1837—1873

字子高，浙江德清人。

清代經學家、文學家。

著有《論語注》《管子校注》等。

釋文

甄録。尊箸洋洋大文，皆經國遠猷，有裨寔用之言，應請録寄，以光拙箸，勿吝教也。手此，敬請道安。弟塈頓首　戊辰正月廿四日作于金陵冶城山館書局

春木先生《國朝文録》一書有覕處否，其價若干，乞開示。

（朱）臻和齋藏

鈐印

（朱）寒香曉雨

釋文

《養浩堂詩》均是從前讀過，今又約略一緡，只是題目上有似當增易者，用籤標記，請酌。原書三册并上闕書一卷先行奉繳，《監原》詩末二章敝處無稿，請向高崎君抄一稿來，方可補入。又，元田子爲横井小楠氏墓志頗佳，欲求便中代抄一稿，未知何如。此頌栗香先生仁兄大人台祺。庶昌頓首

十月卅日

鈐印

（朱）月得

1837

黎庶昌

041

1837—1897

字蒓齋，自署黔男子。貴州遵義人。

清代散文家、外交家。

著有《拙尊園叢稿》等。

養浩堂詩均是從前讀過今又約略
一繙只是題目上有似當增易者用籤
標記請將原書三冊并上闕書一卷先
行奉繳鹽原詩末二章草擬處妥〻之稿請句
高崎君抄一稿未方可補入又元田子爲橫井
小楠氏墓志頗佳欲求便中代抄一稿未知何如此歟
栗香先生仁兄大人台祺 庶昌頓首
十月廿四

1897

釋文

壽喬大兄閣下：接展

手書，具聆一切。吴南兄到後，旋即病故，洵屬

可憐，然亦弟之耗財運氣。後事已爲辦妥，

送柩回籍之費，義應幫助，即希

斟酌辦理。將來孫儼兄即可接手。近時

鹺務情形如何，蘇姓有無舉動，所有從

前各案，與

閣下歷次來信暨所説皆不甚符合，亦未知

1839

洪鈞

042

1839—1893

字陶士，號文卿。江蘇吴縣（今蘇州）人。
清代外交家、史學家。
有《元史譯文證補》等。

壽彦大兄閣下接展
手書具聆一切吳南兄到滬旋即病故滬局
可憐茲〻亦之耗財運氣俗事已將辦妥
送柩回籍之費義挺帮助即寄
對鶴翁理昭來傳儀兄即可接手近時
離場情形如何蘇姓有無舉動所有從
前各案與
閣下歷次來信隨所說者不甚詳悉亦未知

釋文

案未抄全否，令人悶悶。揔之曹老荔不出來，直
無可與商量之人，渠此時大可出京，即祈
告知彼號友人，催其趕緊來南爲要。弟
在蘇一切如常。手覆，即請
時安。　愚弟制鈞頓首　六月初二日

1839

釋文

壽喬

儼若　兩兄閣下：初旬寄上一信，計可得達。頃接十

一日所發之函，具悉一切。曹棧既不能附，則

只有立棧自責之一法。前信已慮及此，故本

家運樞來蘇，即囑令回徽候

兩兄之信。此時最要之事，是棧中之友，須

細心訪擇而用，一切弟不遥制，光景今冬必

釋文

須辨成乃妙。寅盛棧欠欵，萬不可放鬆
一步，若歸不清，則
壽兄更何以對弟。至壽兄本年來蘇一
節，此時正要立棧，有許多事務，何必
多此一行，有話亦可寄信前來，來蘇何益？
本家運樞，現在桂林，開棧之事辦有頭緒，
即由壽兄寫一信去，邀其前往可也。至於如

1839

釋文

何位置，則由
兩兄察看酌量用之。荔堂已赴杭州，抄
來各批閱悉矣。
儼兄府報即日轉交雨三。手此，即頌
時祺。
弟守拙頓首 十月廿二日

釋文

滌篔仁兄老夫子大人閣下：別近半年，

馳思曷已。比維

侍福康娱，

文祺嘉勝，如頌爲慰。今年是否館於翁

處？學徒幾人？課徒之餘，尚能自攻舉業

1839

汪鳴鑾

043

1839—1907

字柳門，號郋亭。浙江錢塘（今杭州）人。

清代史學家、藏書家。

滌賓仁兄老夫子大人閣下別逾年年敬且昌之比維侍福康娛文祺泰和勝如所頌啓者今年足下館於台受學徒幾人課徒餘暇能自攻舉業

舍英閣主人摹

1907

釋文

否？至以爲念。弟軟紅珞珞，無快可告，重
温詩賦，舉筆荆棘，
知己何以教之？篆書偶一爲之，不過應
酬之作，不能有進益。經學小學書則
久束高閣。琉璃廠書價較前加數

1839

釋文

倍，亦不敢過問也。
閣下近來用功若何？便中
示及爲慰。手此，敬請
大安。不具。弟鳴鑾頓首

鳴鈞同叩

鈐印

兼齋（朱）

釋文

雪岑觀察大人閣下：頃守敬他出歸來，先後得兩手書，敬悉。唐人之集，本朝著録家所得宋本無過四十種，江氏從何處得如此之多？守敬初即疑是明徐獻忠所刻唐人百種本，今得見其書，乃知即從徐本

1839

044

楊守敬

1839—1915

字惺吾，號鄰蘇，湖北宜都人。

清末民國初歷史地理學家。

著有《歷代輿地圖》《水經注疏》等。

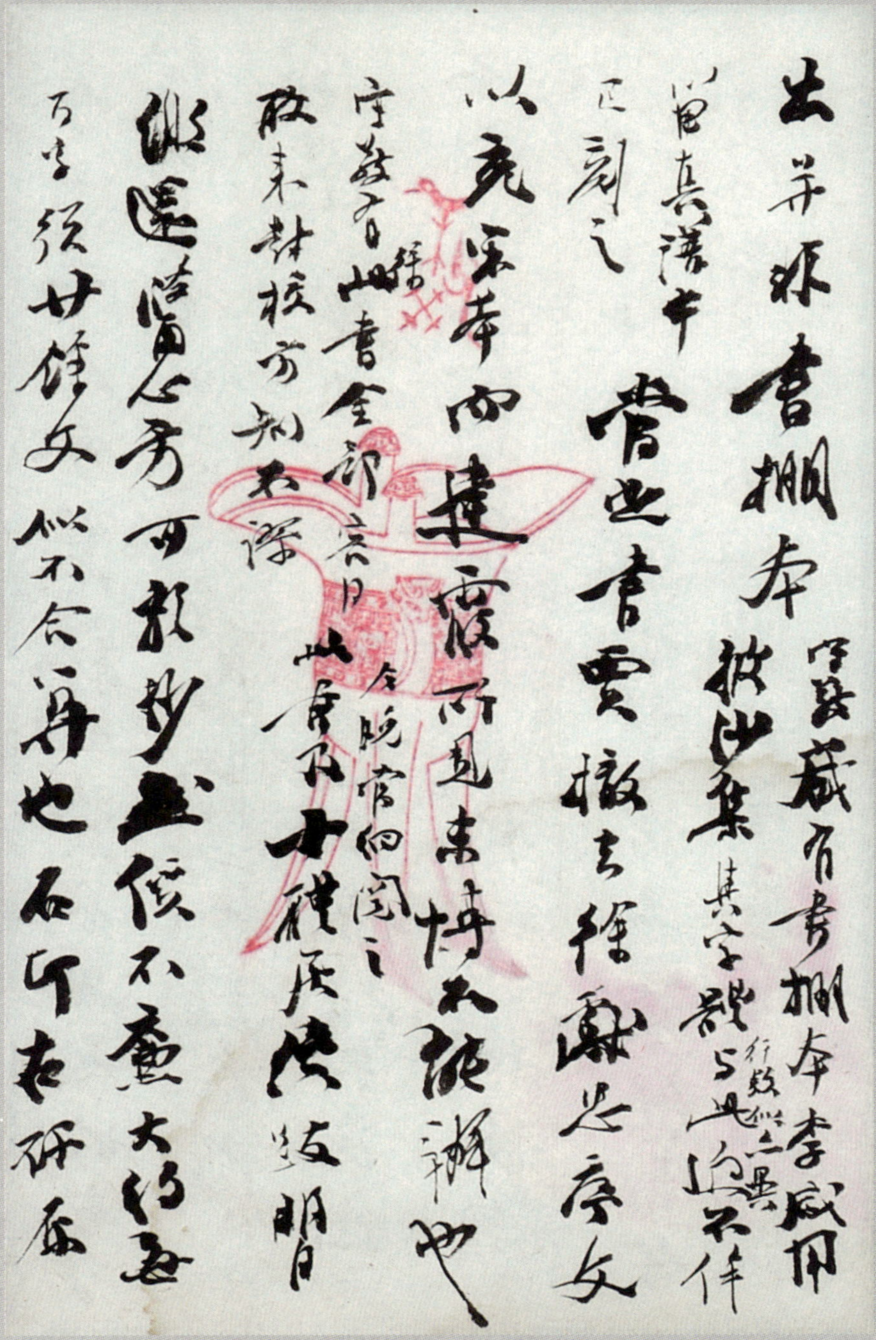

釋文

出，并非書棚本守敬藏有書棚本李咸用《披沙集》，其字體與此迴不侔，行欵似亦異，

《留真譜》中已刻之。當是書賈撤去徐獻忠序文

以充宋本，而建霞所見未博，不能辨也。

守敬有徐書全部，容日取來對校，方知不謬。此書及今晚當細閱之《士禮居續跋》明日

繳還。醫心方可影抄，然價不廉，大約每

百字須廿餘文，似不合算也。石印古碑原

1915

釋文

本七元，今加裝裱，又費至七元，故合爲拾兩。此書敝處已無多，如無人購之，祈擲還。刻下抄書者只一人，書雖不多，然不能過速。若必欲求速，當仍帶回黄州，如何如何。大抵敝處古醫書爲世不經見者不下數百種，如欲抄，須早圖之，容日以目録奉上。

1839

釋文

緣柯慎菴頗欲盡買敝處醫籍也。匆匆草復，不恭，祈原亮。即頌道安。不莊。

守敬頓首

初四日

釋文

惠卿賢甥左右：小兒受室，承
遠賜厚貺，當經肅函申謝，并欲接舍姪女來此小住，計已達
覽。獻歲發春，想
尊候佳勝，至慰跂慕。鳳蓀想可常見。前因膠州事起，欲歸
辦團，一奮螳螂之臂。今膠州已經出租，五十年爲限，亮忠憤無可
施展矣。獨此舉既定，强鄰如蝟毛而起，瓜分之説將在指顧間，
吾輩將無託蹈之地，是切近之灾耳。敝眷南歸，尚無來信，不識何
日抵里，而兩從弟三年尋隙，去八月始行遷讓劉莊，而十一月遂

1840

045

吴汝綸

1840—1903

字摯甫，安徽桐城人。
清代散文家。
同治進士。有《易説》《詩説》等。

惠卿賢甥左右：小兒受家承

遠賜厚貺，當經函面申謝，并[illegible]接金姪女來此小住，計已達

覽。茲歲莫春想

尊侯佳勝，至慰。孩慕風雪惠而常見前因際[illegible]事起，茲歸

籍圍一舊悵卿之聞命，際[illegible]已經出租五十年為限，竟忠懷無可

施展矣。獨此舉既定之後，鄰人帽毛而起，紛紛之說，將在指顧間，

吾輩將無託足之地，是切切之實事。敢春南歸，當無來住，不識何

日相見。而兩從弟三年尋隙去，八月始行甚遠，讓劉莊而十一月遂

漢廷主議尋平王夫

桐巢摹

1903

接電報，言蘭芬八弟夜率百人將西頭已整之屋全行毀碎。大約以先十一叔墳向爲題，其實絶無妨礙，且墳與屋中間尚隔一竹園。此事我竟無法。渠等絶無情理，我又遠隔異鄉，横逆如此，亦非傍人所能排解。若抽身一歸，恐亦不能速定此議。萬一到家就範，一出又復生端，不將使我疲於奔命以死乎？又况書院開課，勢難舍之遠去。鄙心困極，自笑生平大似宋襄，仁義一敗，不可復振；又似鄙宗夫差，國破子死，尚復强顔與外人争長。今之所處，竟無長策。舍姪女及小女等均可爲我畫策，吾將擇善而從，希爲我轉告并望速復。執事爲我代謀，倘有餘智，可以探囊見惠否？肅頌。春祺。不具。汝綸頓首　開歲五日

1903

接電报言燕蘭芳、第夜率百人將西頭已毀之屋全行毀碎（大約以先十一井墳內兩墓共實絕無妨礙）

（且墳與屋中間尚隔一竹園）

此事我竟無法渠等絕無情理我又遠隔異鄉 橫逆如此念

我儲人所雖排解 若抽身一歸 恐亦不能速定此議 萬一到家就

範一出又復生端 不將使我疲於奔命 以死爭又見書院閒評甚多

難禽之遠去 鄙以困極自笑生平大似宋襄仁義 一敗不可復振 又

似鄙宗夫差 國破子死 尚復諛顏與外人爭長 今之後處竟無長策（舍姪女及小女等均可為我出策 或將擇善而從 …… 我賤告并望 速復）

執事為我代謀 備有餘智 可以探囊 兒惠並商之

春禊不見之 曲編 有

閏歲五日

釋文

惠卿賢甥覽：前接

手書，尚未奉復，小妾隨子北來，家嫂并無來意，想

尊函尚未到也。來書欲過繼千里次子，此自應辦之件，擬復書慫恿成之。朝局一變，恩威倏忽，不易窺測，時文廢去不用，自是佳事，但策論不足取士，不如時文，此則言者所未知也。

執事不肯代校王文，而願校韓文，亦自是應讀之書。聞山東徐公有兩宋本，前寄一俗本，請鳳蓀代校，

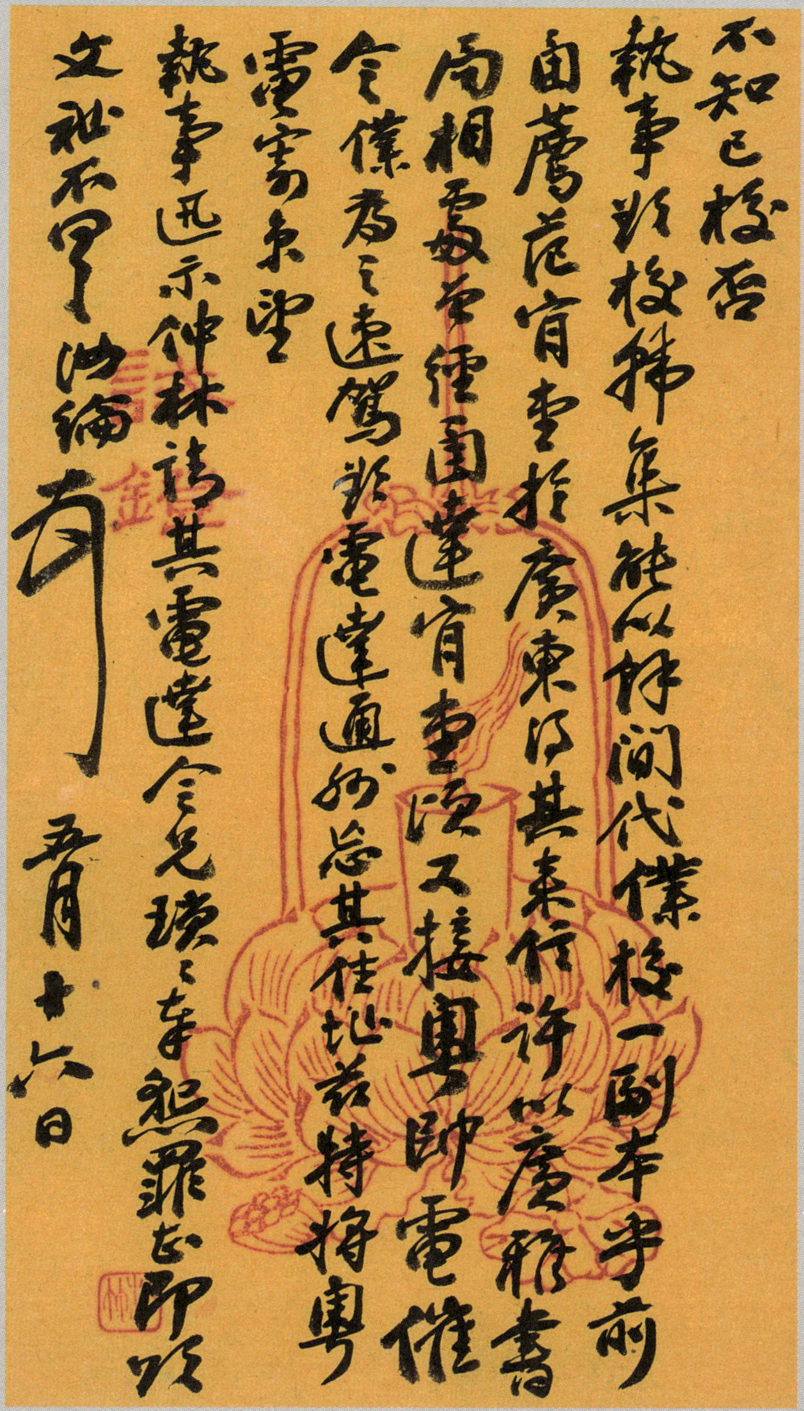

釋文

不知已校否。

執事欲校韓集，能以餘閒代僕校一副本乎？前

函薦范肯堂於廣東，得其來信，許以廣雅書

局相處。曾經函達肯堂，頃又接粤帥電催，

令僕爲之速駕。欲電達通州，忘其住址，兹特將粤

電寄京，望

執事迅示仲林，請其電達令兄。瑣瑣奉懇，罪甚。即頌

文祉。不具。汝綸頓首　五月十六日

釋文

黼堂先生中丞大人左右：從遊西泠，忽忽一載，别夢離懷，時縈

千里。遥知

尋山高致，杖履時宜，曷勝忭頌。晚乞米天涯，依人碌碌，無

善足告

長者。夏間宗湘文太守來守敝郡，招往郡齋小住兩月，

樂數晨夕，刻得碑版幾種，正欲將拓本郵奉，適

讀宗太守手書，得悉

高蹤重來湖上，臨風昂首，快何如之。本擬即鼓小艇，晋

謁

崇階，一罄離悰，奈以歲莫匆匆，俗塵栗六，致未如願。

邇來爲宗太守摹刻米書長卷，計兩月後方可告

1840

胡钁

046

1840—1910

字匊鄰，號老匊，又號晚翠亭長。

浙江桐鄉人。清末篆刻家。

西泠印社早期成員之一。

蒲堂先生中丞大人左右：從遊西泠，忽忽一載，別夢縈懷，時縈
千里，遙知
尋山高致，杖履時宜，易勝忻頌。晚之來天涯，依人碌碌，無
善足告
長者。夏間 宗湘文太守來守徽郡，招往郡齋，小住兩月，
樂數晨夕，刻得碑版數種，正形時拓，奉郵奉邇。
漢 宗太守手書所悉
高蹤重來湖上，臨風昂首，快何如之。奉撥即鼓小艇，晉
謁
崇階，一罄離悰。奈以歲莫，自已似蒼粟六，鞅未之顧。
邇來為 宗太守摹刻米老長卷，計兩月後方可告

成。秋間得讀

大著雁蕩山題名石墨，并浙遊卅律，千古雙絶，欽服不

可言，敢乞

寄惠一分，尤所心感。兹坿去拙作小詩十首，扇畫一葉，拓

本五種，均求

教正是幸。中有新構晚翠亭拙句四首，務求

賜和。晚將來擬以同人和章壽之片石，嵌置亭壁，想

高人所不吝也。先祈

復示，以慰飢渴。肅此草上，敬請

聞子貞先生欲刻墓誌，祈便中爲之吹嘘。復示乞寄新市分司署。

爐安。不盡縷縷。教晚胡鑁頓首 仲冬廿四早

成秋间得读

大著匪离山题名石墨并此画册仿古读钱钦服不

可言说

寄惠一分尤所心感茶册之拙作以诗十叶之扇面一叶拓

本各种均求

教正且近年中有新得晚墨亦拙句四叶之录求

赐和晚此集挽以同人和章寿之片石嵌置画亭壁拓

高人雅集否也先新

夏示以题亲汤雨生草上叶诗

之吹嘘

闻子贞先生所刻墓志于便中为

夏示之寄新市分司署

惊安不具　卿之兄　晚胡镬　十七

仲冬廿四早

1910

釋文

問何事、家山抛了。十載風塵，那堪吟眺。締鷺盟鷗，幾時重理鑑湖棹？舊游如夢，贏得是、丹青稿。試讀向空堂，只枕上、幽尋偏好。 煩惱。歎飄萍泛梗，畢竟不如歸早。煙霞嘯侣，算惟有、少文同調。儻便許、探絶搜奇，應猶認、當年鴻爪。趁一箸秋風，休遣蓴鱸香老。調寄長亭怨慢。

十載蓬飄，欲歸不得。每憶故園名勝，倍切鄉心。因師少文意作《卧游圖》，晨夕展玩，聊當清遊，並自度慢聲，呈

諸詞壇拍正並乞

賜題。 乙亥冬山陰廣軒俞廉三學倚

鈐印

廣軒（朱）

1841

047 俞廉三

1841—1912

字廣軒。浙江山陰（今紹興）人。工楷書。收藏書畫古玩甚多。

问何事家山抛了十載風塵那堪吟眺
綈鷺盟鷗幾時重理鑑湖棹舊游如
梦赢得是丹青稿試讀内空堂只枕上
幽尋偏好煩惱散飄萍泛梗畢竟
不如歸早烟霞嘯侶算惟有少文同
調儻便許探绝搜奇應猶認當年鴻
爪趁一箸秌風休遣蓴鱸香老
調寄長亭怨慢

十載蓬飄欲歸不得每憶故園名勝倍切鄉
心因師少文意作卧游圖晨夕展玩聊當
清遊並自度慢聲呈
諸詞壇拍正並乞
賜題
乙亥冬山陰廙軒俞廉三學侍

廙軒

釋文

廿年歸夢繞江鄉，路近鄉關夢轉長。昨夜鄉心更奇特，蹇驢馱夢過錢塘。北轍南轅席未温，故園閒煞老苔痕。家居喜近蘭亭畔，山色當牕水到門。清溪波軟櫓聲柔，重向山陰道上游。指點西興烟樹裏，烏篷白榜是歸舟。放翁閣子賀家湖，携侶重尋興不孤。到處雪泥鴻爪在，新詩好續卧遊圖。水色嵐光眼底過，駝峰獅嶺任搜羅。客中我亦饒游興，一幅新圖一闋歌。西風催我束行裝，詩卷圖書共一囊。鄭重歸來輕别去，湖山應亦笑人忙。

丁丑春日自忭歸里。未半載，復匆遽北游，因成六絶，續題《卧遊圖》，録呈諸吟壇斧政，並乞賜題。

廣軒俞廉三初藁

鈐印

廣軒（朱）

廿年歸夢繞江鄉路近鄉關夢轉長昨夜鄉心更奇特蹇驢馱夢過錢塘北轍南轅席未温故園閒煞老苔痕家居喜近蘭亭畔山色當牕水到門清溪波軟櫓聲柔重向山陰道上游指點西興烟樹裏烏蓬白榜是歸舟放翁閣子賀家湖攜侶重尋與不孤到處雪泥鴻爪在新詩好續卧遊圖水色嵐光眼底過駝峰獅嶺任搜羅客中我亦饒游興一幅新圖一闋歌西風催我束行裝詩卷圖書廿一囊鄭重歸來輕別去湖山應亦笑人忙

丁丑春日自汴歸里未半載復匆遽北游因成六絕續題卧遊圖録呈

諸吟壇斧政並乞

賜題

庚軒俞廉三初藁

釋文

幼梅仁弟同年大人閣下：接奉初四日
惠書，具紉
雅注。就審
勛華炳蔚，
台候多綏，至以爲慰。兄久領臺綱，近
兼工部，徒縻官俸，莫補時艱。月
前忽患氣堵痰塞，三夜不得平

1841

陸潤庠

048

1841—1915

字鳳石，號雲灑、固叟。江蘇元和（今蘇州）人。
清同治十三年狀元。
擅書法，時人以"三真六草，爲天下寶"譽之。

幼梅令弟同年大人閣下：接來初四日惠書，具悉雅注。欽審勛華炳蔚，台候多綏，至以爲慰。兄久領鹺綱，近兼工部，徒糜官俸，莫補時艱。月前忽患氣堵痰壅，三夜不得平

释文

卧，乞假二旬，现已平复。然偶作吃力事，仍觉气机不顺。老之将至，无如何也。承

示未署都转，免此短局，足见澹定。惟贵体所抱何恙，刻下已复元否？念念。尚乞

珍摄为荷。桂舲得长兴鳌局，不两

1841

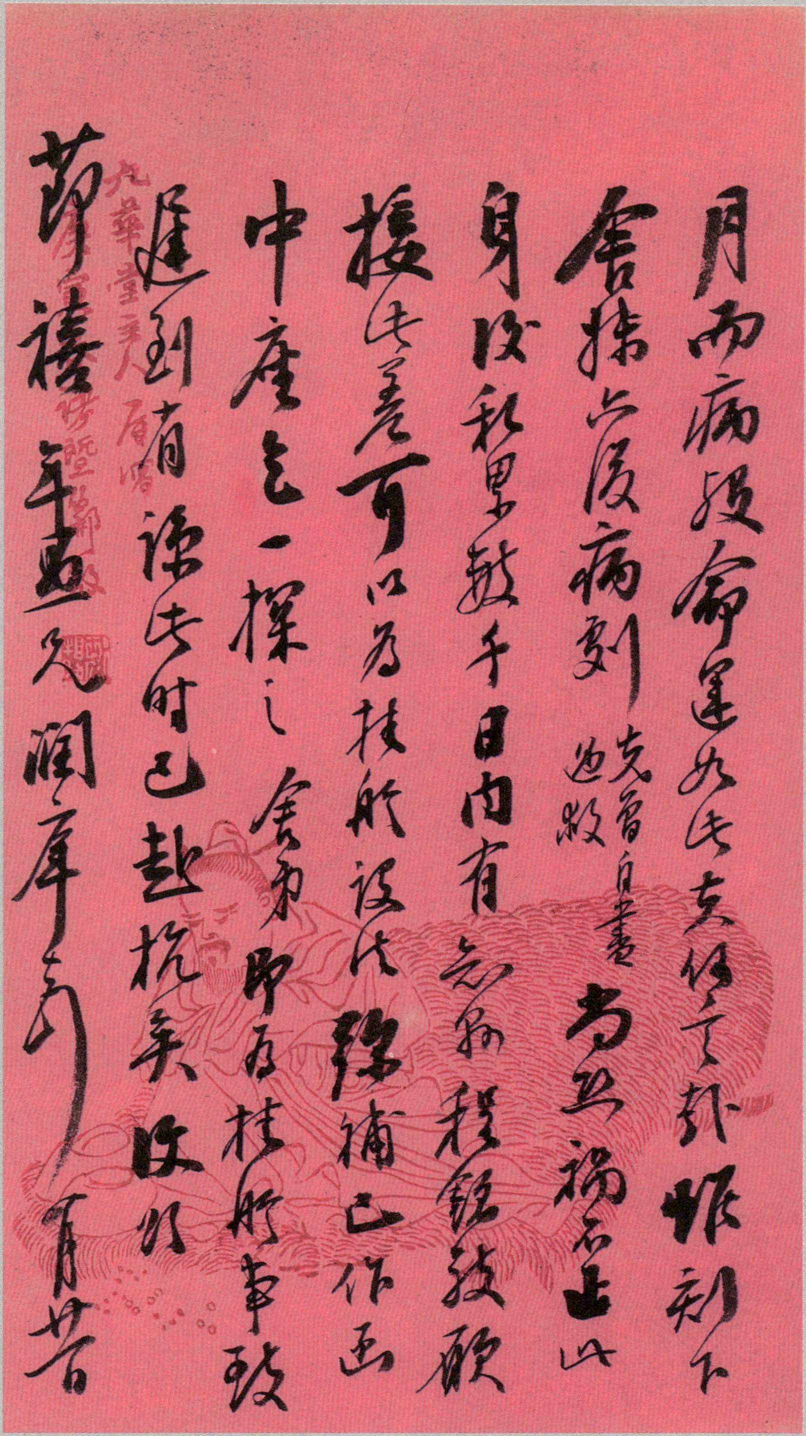

釋文

月而病歿，命運如此，夫何言哉！惟刻下舍妹亦復病劇，先曾自盡遇救。尚恐禍不止此，身後私累數千。日内有知縣程銘敬願接此差，可以爲桂舲設法彌補，已作函中座，乞一探之。舍弟即爲桂舲事，致遲到省，諒此時已赴杭矣。復頌

節禧。　年愚兄潤庠頓首　四月廿一日

鞠裳仁兄世大人閣下：尊處來札，計收到九月十三日七紙，十月初十日四紙，十月廿三日六紙，臘月初三日四紙，昨又得新正初七日三紙，種種具悉。似中間尚缺一緘。弟處去函則閏月十九日太原一封，九月廿九日與佩合一封，十月廿一日一封，十一月十九日一封，臘月初四日一封，亦似有未達者。開歲以來，敬維

芝坊聯晉，冰銜直上，平安如意，至以爲頌。弟到此四閲月，寂寞無聊。近則子嘉、又申、範卿及王仲彝絡繹而

鞠裳仁兄世大人閣下：尊處來札計收到九月十三日七紙，十月初十日四紙，十月廿三日六紙，臘月初三日四紙，昨又得新正初七日三紙，種種具悉，似中間尚缺一緘。弟處去函則閏月十五日太原一封，九月廿五日其併念之封，十月廿日一封，十一月十九日一封，臘月初四日一封，亦似有未達者。開歲以來，敬維道坊聯晉，冰銜直上，平安如意，至以為頌。弟到此四閱月，寂寞無聊，近則子嘉又申以靶，御及王仲彝、繼緯而

1
9
1
5

來。範、彝俱同住敝寓，子嘉住四府街，又申住寶陜局錢公館，名松年，常熟人，通判。頗爲熱鬧。和局大致就緒，聯軍一退，大約即賦歸與，整轡東來，歡然話舊。榴花照眼時，必可游思竹素。然念京中諸君雖有接濟，再有兩三月亦恐難支。今由康民處撥奉八十金，聊爲吾兄備一月之需，以踐前諾。此款本已置之度外，無妨揮霍。回念在德州時，衣貲兩罄，進退維谷，然飛電一呼，旬日之間，千金立致。人之待我不薄，我亦何敢膜

來翰具悉，得佳教，承子壽佳四府所又申佳賓夫局
錄為館中擇要類，為執閱。和局大致就緒，聯軍一
退，大內陳賦歸與，整譽東來，觀發話舊，樂與眠
時兩兩相思，所素張念京中諸君，雖有接濟，再有兩
三月亦以雜支。今由康民處撥奉八千金，聊為之
足備丁月之需，以後當議四款，奉之置之度外矣。
揮霍，回念在德州時，衣貫兩襲，有遮誰名能免電
一呼，向日之間千金立致，人之待我者何薄，我亦何敢謀

視諸君。惟戔戔者太少，不足挂齒頰也。硯畔介侯有百朋之獻，諒已收到矣。近日部中缺單呈遞，立即圈出發下，不俟樞商，故亦不見明發。即道府缺，亦都由宸斷。惟督撫調動，不能不斟酌而行耳。舍弟伯澂得家叔病劇之信，定於明日結伴回南。子猷太守在此，前得孟繁電有『熾西』兩字，或喬梓可在此相聚耶。天水之難，視其死而莫能救，爲之減餐者數日。其他公子公孫咎由自取，尚惜其中有漏網者。時勢至此，公道難言，下此者據

視諸君惟我〻者太少不足挂其類也碩甫侯有

百冊〻數存已收到矣近日部中缺單呈遞至印圖出

紫下不侯捷高故亦不具於費即道府缺亦都中實

影惟請按調動不能不斟酌耳金甫伯撥日

家殊痛剔〻信定於明日結伴西南子猷太守李頌前日

至樂宣有熾西兩字戒實按至李頌相離耶天水〻難

視其死而莫能救為〻減痛者殊日甚他公子公孫祭曲日

取為惜其中有偏個者　時勢至此公道難言下此者擾

傳單開四五十人，風聞靈石山樵裒然首列，亦未見其允當也。瞿尚書來，言各省士風囂然不靖，科場萬不可再展。日來與壽州相公酌議此事，須開通輪船一途，以省村宦供帳。京西兩單即分水陸省分，亦尚未定。擬以滇、黔、關、隴、蜀、豫、晉、齊八省歸此間簡放，餘省則電簡京員，令由海道前往，未知此議通否。此間人已不少，足可與京匹敵。若順天則或可展緩至九十月矣。拉襍奉布，即頌

開安。範卿囑筆道候。弟庠頓首　正月廿九日

1915

仲单四五兄大人阁下：云石函首列其兄尝也。昨书来言省士风萎于科场，弊不可再展。日来与寿州相公约议此事，须开通籍部大遂，以省杜绝假帐，京西两单即分由各省分拨，以滇黔闽蜀豫齐各八省归此间筹办，馀省则电饬各省负令由海道前往，未知此议通否。此间人已不少，呈可与众商议。万顺天则缺矣。屡后至九年月矣，报操布耶？闻否？敬颂节祉。弟庭手启。正月廿九日

（朱）海梅仙館

小園蠟梅開幾枝，芬芳偏勝昔年時。昔年今日諸友聚，今年今日逢亂離。東閣官梅老鴉集，一冬不讀何遜詩。公於客秋贈詩寂多，近乃寂然。陸凱謂蔭廬大令怡園已荒。園林大庾景，隴頭驛使將安之。甘寓如徐德皆觀察亦不克致書件，悶悶。品梅佳境二十六，相逢不語來張鎡。碧岑、南薰、季理三公時一惠顧，至則欷歔而已。瞥眼輕煙與佳月，凄涼紙帳還疏籬。綺窓著花那復問，輞川昨日哭王維。芝裳太守於元旦溘逝。迎春餞歲情懷惡，細雨濕花紛淚垂。文山謂海雲吾弟。徒作百花冠，康侯大冬松蔭萎。詩舲先生屢示詩辭以見志。況聞宫花日憔悴，瘦脊無復騰蛟螭。將軍誓葬梅花嶺，聞江南亦有戰事。摹繪風神史督師。天地回春仗元宰，鐵石心腸屬阿誰。羣公定有廣平略，調和鼎鼐持安危。老夫得與梅偕隱，林逋白鶴相追隨。更尋姑射神僊境，一曲梅花玉笛吹。松下原作柏，誤蔭。

靈石方伯同年數月不見矣，亟思之，以病不克走謁，將有待也。以近作梅詩先之，幸賜覽焉。

弟賡拜艸

（朱）賡恩

（朱）思詒齋小印

宣統四年王正月人日

鈐印

1841

049

高賡恩

1841—1917

字曦亭，北塘（今天津塘沽區）人。

光緒進士，書法家。

有《思貽堂詩集》等。

小園晚梅開幾枝芬芳偏勝昔年時昔年今日諸友聚今年今日逢亂離東閣官梅老猶集一冬不讀何遜詩公於客秋贈詩家多迍乃蘇往陸凱謂藤虛大令恬園乙莬園林大庾景隴頭驛使將安之母家如徐德甫觀察亦不克致書作問問品梅佳境二十六相逢不謡來張鎡碧岑南薑季浬三公時一與顔至州教歌而已瞀眼粒煙與佳月淒涼紙帳還疏羅綺窓著花那復問綢繆昨日笑王維笠裳太守於元旦遠遊迎春餞歲情懷惡細雨經花緣淚垂文山謂海雪季弟徒作百花冠康侯去冬宮花日憔悴瘦骨無復騰松蔭蓊詩脫先生屢示詩辭以見志洗閑跛蹻將軍撰莫梅花嶺聞江南亦有戰事摹繪風神史督師天地回春仗元宰鐵石心腸屬阿誰犀公定有廣平賦調和鼎鼐持安危老去得與梅偕隱林逋白鶴相追隨更尋姑射神僊境一曲梅花玉笛吹松下原作柏誤蔭

靈石方伯閒年數月不見矣亟思之以病不克走謁將有詩必以近作梅詩先之幸賜覽焉

弟廣 拜艸

宣統四年壬子正月人日

專呈湘子廟街

何大人次卮

夔軒安啓

高簡

嶬老詩柬

未蓉

釋文

子蕃九弟大人閣下：前
允借《易義大全》一書，兹特走取，望祈
交去手帶回爲荷。此請
元安，惟
照不宣。愚小兄趙爾震頓首

1842

050

趙爾震

1842—1899

宇公威，號鐵珊。清末正藍旗漢軍人。
同治進士，官至工部主事。

子蕃九弟大人閣下前
允借易義一書茲特遣人取煩付
交去手帶回致荷此頌
元安時
照不宣　愚兄趙孟頫上

1899

釋文

手示祇悉。賤體偶有感冒，不可以風，故假息一日，刻已一藥小愈矣。承注，謝謝。節帥、學台兩序披閱一過，弟序略有增減，兹并坩呈，即乞

1842

051

王之春

1842—1906

字爵棠，號椒生，湖南清泉（今衡陽）人。近代學者。輯有《國朝柔遠記》。

釋文

費神一併付梓。特鄙言庸陋，不
足弁諸簡端耳。瀘案查覆，
昨已見諸公稟，辦理尚稱妥協。餘容
面叙。手復，祇請
筠翁仁兄大人台安。弟之春頓首
十八日
樂帥、學台兩序繳呈。

释文

自修仁弟大人閣下：奉
手教後，忽忽一年。相思之誠，有逾飢渴。伏審
榮養章門，
福履綏吉，欣頌無已。先謙守拙家園，乏善足述，所
幸沉痾漸愈，差慰
綺廑。陳杏孫遂作古人，實可傷悼，其扶病長道，老
母倚門，尤極人生遭遇之慘。

1842

王先謙

052

1842—1918

字益吾，號葵園。湖南長沙人。清同治四年進士。
經學家、訓詁學家。
有《虚受堂文集》等。

1918

自修仁弟大人閣下：奉手教敬悉，一年相思之誠有逾飢渴。伏審榮養高門，福履綏吉，欣頌無已。先德守拙家園，足弟足述。所幸況痾漸愈，差慰。琦廬陳杏孫遽作古人，實可傷悼。其扶病長途，老母倚門，尤極人生遭遇之慘。

屬爲志墓之文撰就，寄請
教之。前
大稿頒到，皆卓卓可傳之作。紬繹之餘，妄加評騭，
作函寄繳，求廣帥坿摺差帶京，未投携歸。
廣帥徑付郵政局，用雙挂號遞至豫章學署。月前
託筏船方伯詢及，方知未達。函詢　廣帥，則稿案處挂
號而材官廳未收，莫可究詰。　廣帥盛怒，將交縣查訊。

1918

属为志墓之文撰就寄请
教之并
大稿须到此年之内恃之作细绎之余妥加评骘
作函寄缴来 虞师坿摺差带京未后携归
虞师往付邮政局用双挂号递至豫章学署月余
托筱船方伯询及方知未之述函询 虞师则稿业交挂
号而林官厅未收莫可究诘 虞师盛怒将交县查讯

先謙力爲解釋，然
大文竟同付沉浮，想必有底稿。爲不快者累日。吾
弟必以久未作復爲疑，特以縷達。兩宫迴鑾，孜孜求治，
徧天下皆設學堂，而工藝一門無實在辦法。朝廷不
設專科專官以資激勸，則成效難期，漏卮莫塞。
卓見以爲何如？手泐，敬請
大安。
愚兄王先謙頓首 九月初三

先達力為解釋於
大文竟同付沈浮想必有底稿為不快耳累日吾
弟必以久未作復為疑特以護送兩宮迴鑾故故來治
遍天下皆設學堂而工藝一門各省未甚講求殊不
設專科專官以資激勸則成效難期漏卮莫塞
尊見以為何如手泐敬請
大安

愚兄王先謙頓

九月初三

釋文

虛谷賢弟大人閣下：前得

惠書，知以

宦游入浰，深爲慰頌。頃由張君府中交到

手示，具悉

升祉多綏，

藎籌益懋，欣祝無已。承

賜多珍，足徵

1842

釋文

雅意關垂，銘謝之至。兄家園伏處，無善足陳，衰疾之餘，意如雲懶，惟以文字自遣，無足爲知己道者。近畢力校栞拙撰《漢書補注》一書，未知能早日告成否也。近刻《柈湖文集》一部，聊用伴函，莞存爲幸。手此奉達，敬頌

升安。

友兄王先謙頓首　冬月初十日

釋文

佩秋足下：昨荷
手翰，以有孫壻之戚，
慰問殷拳，感愴無已。餘暑方酷，
正去秋間。到官不一歲，而即網羅文獻，編成新志，可謂能舉
其要者。世局蜩螗日甚，一可想恐蠻觸之爭，不越木犀開後。僕

1843

馮煦

053

1843—1927

字夢華，號蒿盦，江蘇金壇（今常州市金壇區）人。
近代詞人。
著有《蒿盦詞話》等。

釋文

自孫壻天後，神志摧頽，體益不支，幾兩月不越户限一步。八月初當仍至滬，一雪煩襟，且二三舊雨亦屢以書相招，藉慰衰朽也。

從如若來申勞款，至盼至盼。此頌

政祺。七月廿二日煦頓首

貴治去蘭溪近，有南棗惠我少許。

釋文

弢夫仁兄先生大人閣下：日前暢聆
教言，深慰渴衷。廿六晉謁
師門，未及晤
面爲悵。前呈區區敬
師微物，未蒙賞收，下人初不道及，直至迴車
始見，雖不敢再瀆，而中心殊切不安也。五家兄
已得專司稽察之差，弟或可希冀入場，
而念各省舉子或有數千里來者，一經

1844

徐鄂

054

1844—1903

字午閣，號棣亭，别字汗漫道人、
汗漫生。江蘇嘉定（今屬上海）人。
近代學者、戲曲作家。所作傳奇有《梨花雪》等。

筱夫仁兄先生大人閣下日前賜聆
教言深慰渴衷廿六晉謁
師門未及晤
面為悵前呈德之敬
師徵物未蒙賞收下人初不道及直至回車
始見雖不敢再瀆而中心殊切不安也至家兄
已得專司稽察之差弟或亦來年冀入場
而念又有舉子成有截千里來者一經

迴避，掃興而返，實爲可憫。雍正年間曾有另
試之例，而嘉道中疊奉
嚴旨停行，臣下斷不敢再行啓請。惟本年係
萬壽慶典，似不宜使一夫向隅，以此措辭，或尚易入。
夫子大人如能乘間面奏及之，倘得奉有
特旨，則嘉惠寒儒，實非淺鮮。弟曾嘗此
味，而刻下名心漸灰，得失俱所不計，惟願有志
青雲者共免斯厄，非爲一己言之也。不識
閣下能代陳之乎？對檠寂坐，忽然思及。肅達，祇請
升安。不一。愚小弟徐鄂頓首　廿七戌

迴避歸與而返實為可惜雖已年間曾有另
試之例而嘉通中可奉
嚴旨停行臣下斷不敢再行疏陳惟本年係
萬壽慶典似不宜獲一夫向隅以此揣度或為萬人
夫子大人如蒙采納面奏及之為為奉有
特旨則嘉惠寒儒實非淺鮮本有當佳
味而刻下名心淡矣以失俱可計惟勝有志
青雲喜其氣燄亦非為己之言也不淺
閣下能代陳之乎材黎宗憲思恩思及圖遠袛請
鈞安不一　愚小弟徐鄭　廿七戊

1903

大帥鈞鑒：江皖教員因與湘省齟齬，遂蹈越禮之咎，八人均認冒昧。荃孫傳諭大帥優容之指，抱媿更深。江皖籍共十員，惟丁憂之輿地教員殷葆諴患病，在外之毛筆畫教員繆莆孫不與聞。惟言左君鄂事得諸趙都轉之口，都轉云左最任性，況亦非人命耳。後患方長，如積餘阻之，言不能盡，非杜撰也。現九月朔至冬月末止九十日，本校一切須整頓，學生方有進步。現已

1844

繆荃孫

055

1844—1919

字炎之，又字筱珊，號藝風。

江蘇江陰人。藏書家、校勘學家。

著有《藝風堂藏書記》等。今人輯有《繆荃孫全集》。

1919

大帥鈞鑒昨晚敬贊因与明有鑑識遴選論越禮之祭八人均謁陵祭伊渝大帥優容之撝抑愧天深昨晚雜共十餘將丁憂之田紀數貞餞蘇識黑病於外之毛芋無狗貞傅蕭然不可聞雅言左右君部之自然超都持之都持云左最任性況亦非人所宜後患方長又積但之言不能盡述惟揣之現於月到已冬月來上於十日本校一切法整頓與生方有進步可觀已

布置，不敢放棄。孫令留堂，實於堂事有益，乞
諭吴道和衷辦理。荃孫所辦之事，無不先與商
量。渠則不然，專制獨行，又不明白，但怪人不奉行。
如果得當，斷無不奉行之理。徐錫麟出版，可否阻止。
張小叩調開，政刑如此，宜不成國，可歎。肅泐，敬請
朔安百益。

治年晚繆荃孫頓首上

月朔

布置不殺敘彙孙令簡堂實佳堂且有蓋乞

諭吳道和宗作堂星和所办之已無不先与簡

星集則不延于刹栝了又不以曰但然人不壽了

此果乃當然無不壽了之堂徐偽驎出版而不以世上

張小帆閱閑如刑此册直不成国而欽甫仰為俵

勛安不莛

姻年晚繆荃孫頓首上

月卿

1919

釋文

皀閣仁兄鑒：頃接
復書，知蒙
枉顧寓所，復費唇舌，感甚。
曲師詩絶砂，弟則改之又改，
似仍不佳，另帋涂上，可否將就，
望示明。即頌
升安。弟俊頓首

1844

056

吴昌碩

1844—1927

初名俊、俊卿，字昌碩、倉石，別號缶廬、苦鐵。
浙江安吉人。書畫家、篆刻家。
有《缶廬集》。今人輯有《吴昌碩全集》。

釋文

紙係五尺，非六尺也。且帋有水痕，不可用也。已飭人至閶門買帋矣。原紙三張繳還，祈轉擲該鋪，取回押信之羊爲荷。費神，謝謝。復頌

皀闇老兄鑒　　弟俊頓首

貴上大老爺

釋文

石薌畫柳，謝謝。梅花遵
命涂上。弟本不能題跋者，真佛
頭著糞矣。芥舟畫如蒙
割愛，弟當爲
公寫紅梅。況二君皆隱侯
後人，使之同居一處，無
離索之感，不亦美乎？倘承
一諾，當顔所居曰二客軒。
想吾
皀翁聞之，亦必稱快。此懇。
即頌
早安。弟俊頓首

即刻如來茗話，約在府前萼茗樓下。

鈐印

瓊蕤詞館（朱）

右漢銅吉羊洗吳門陸□□家藏文作羊形篆曰吉羊按說文羊祥也洪适隸釋云漢碑多以羊爲祥楊系出晉羊舌氏數典不忘爰摭是篇光緒丙申秋湏昜識

楊

1927

釋文

青翁畫册，小宇留橅一稾再還，因未繳納，渠屬代交。篆書段事請查入。此上
筱飌前輩大人　侍懿榮頓首

王正孺（朱、白）

鈐印

1845

057

王懿榮

1845—1900

字正孺，又字濂生。山東福山（今烟臺福山區）人。收藏家、金石學家。

有《王文敏公遺集》。

青翁畫冊以當面極一葉再還因

未收納渠屬代交某書兵事請

查入此上

筱颿宗華丈人

侍黎頓首

1900

釋文

香濤妹倩老前輩親家大人
坐下：敝同年褚伯約給諫以親
老乞假歸省，不欲再出，而家貧
無以爲養。其兄丁卯出

1845

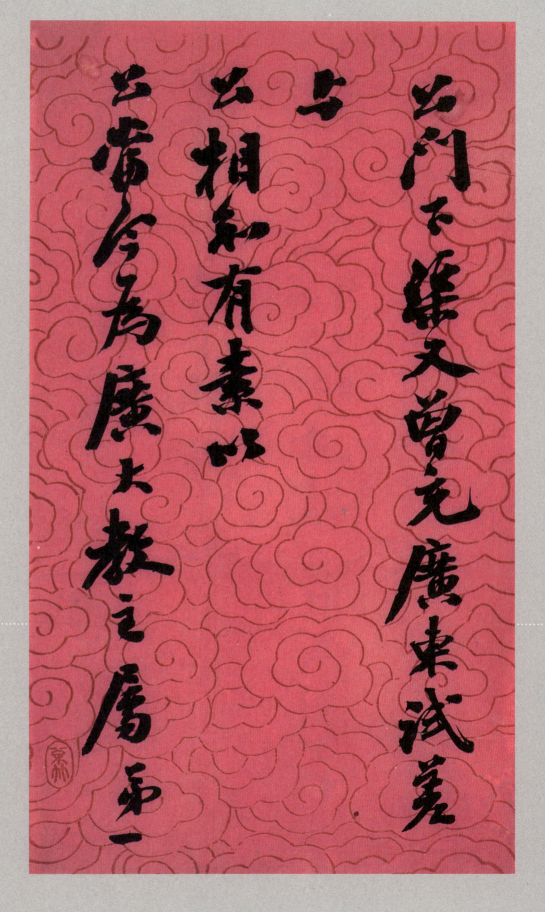

釋文

公門下，渠又曾充廣東試差，

與

公相知有素。以

公當今爲廣大教主，屬弟一

釋文

言，欲於近省覓一書院講席，

藉奉菽水。伏乞

推愛噓植，必皆有成，感同身

受。弟與伯約鄉會同年，亦如與

1845

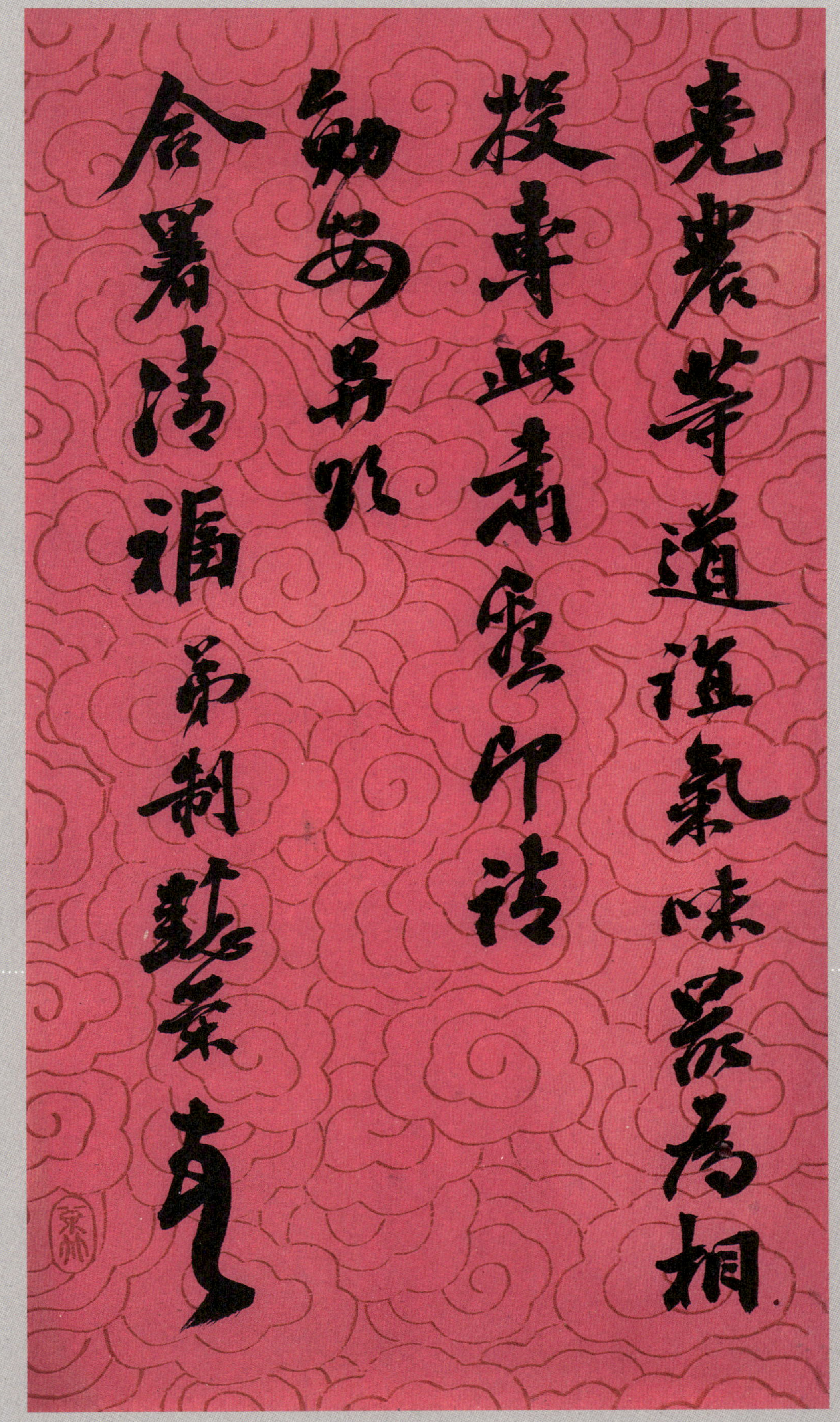

釋文

堯農等道誼氣味最爲相投。専此，肅懇。即請勛安。并頌合署清福。弟制懿榮頓首

1900

請

枉駕過我，爲打一補字。已飭來人，

顧車恭迓。此速。

小颿前輩大人　侍名心頓首

請

相屬過我為打一補字已傷來人

服半芳医此速

如飄前輩夫人

侍名乙手

1900

字諭文盡閱悉。得廿六來稟咸知。汝媳何以濕氣如此之重，指節竟至流水甚多，耳後之核，亦未能消，此可知必急於求消。甚以爲念。小金丹擦後，日來如何，想已有信來矣。汝服丁方既有效，詮所屬藥粉，每日必須照服勿忘。節公近狀甚詳，已徧示同人。另寫原稿寄鄂。敏臣如有治法，另函寄京，惟須與節公説。廣雅書局設文襄師木主事與粵紳一信一事，及收回四王稟片一事，李文誠稟片，節公與張世兄合景片，節公謝賜壽恩摺稿，能一一辦到

1845

058 王秉恩

1845—1928

字息存，一作雪岑、雪澄，號茶庵，華陽（今四川雙流）人。

目録學家，金石學家。

字諭年[illegible]閏生：得廿六來書，知汝[illegible][illegible]何以

得氣如此之重，[illegible][illegible]尤甚，[illegible]水甚多，可

（此而可見急於求情）

係之疾亦未能清，甚以為念。[illegible][illegible]丹[illegible]後

日來[illegible]何想已有[illegible]來否？如服丁方，既有

許[illegible]而[illegible]藥[illegible]，每日必須照服，勿忽。

節[illegible]近狀甚詳，已編[illegible]日人[illegible][illegible]九

有[illegible]法，男並[illegible]氣，惟須與常[illegible]說[illegible][illegible]

為[illegible]。文[illegible]仰未至，可與[illegible]伸[illegible]一寸及收

回[illegible][illegible][illegible][illegible][illegible]試[illegible][illegible][illegible][illegible]與張世

光合[illegible][illegible][illegible][illegible]賜[illegible][illegible][illegible][illegible][illegible]

1928

否？即復。

林畏老繪扇想可得手。

紀年丈索《玉台玫異》能得否？湯、戴畫胡子英能爲銷挩否？

伍昭扆既來滬，汝須速與信問之，能在滬議妥更妙。豈柯士將來滬耶？甚念。

分部事不易即得，亦不够應酬也。酌之。

以上答來稟。

四叔信、坦若片、叔涵信、吾寄坦信寄來詳閱。此事四叔疑慮太過，甚爲可笑。然叔

辰卿兄

林君來信所想可行

紀年出書可按吳縣所存陽截出胡上

葉鈍為能挽否

但賠辰叔況來滬須速與信閣之絨奉滬

議妥之後沈稍主顧來滬那甚急也

分部尚不易印須然不能應識也耳耳

以上諸事

四妹信煜兄所林困信吉吾他信亦來

語閣世兄時於處太遲甚為可笑爰拜

專來紀元，但書甲子，蓋梁武帝中大

梁殷氏

聽卿藏

侍摹

涵既經手料理各地租銀，高竹林山地何以需二十元之多，無怪鄂之疑心爲揺詐。四叔所云十八年之糧票，信中并未寄來。且此層萬不可説出，如説出，則十八年以後照補，則爲數不菲。坦若既要爲我料理，亦須問明叔涵以前每年應完若干，此刻團保要找門補完若干，自某年起至現在止，總須若干，罰例如何，有無數目，不説明白，只管要錢，鄂錢豈如此易要耶？種種不明白清楚，又何怪鄂之疑心耶？

由段經手料理各地祖銀與竹林此地據以
需二十元之多甚難卯之錢必名據證の
料米之大小年之粮票保半年存未寄集
且此屋之不可讓出與讓出則十八年以後
四補則為難不亦怪乎在段兩為我料理
而須同住林由此看每年居完居于此刻
國保要林內補完居于自某年起至
理在此總價居于此例如何有之轉目
不該此處自此至元年鄉部錢也與此寫安有
種之不堪合清楚之又何佐卯之錢之印

1928

與坦若

汝見信後，詳細思維，再寫一封明白信，交來吾閱後再寄川，并與亞休一信，託其代懇瀋川滬經理，同席之人。速通知成都總號管事酌付坦若用費，多不過二十元之數。我意無論坦之真僞，此事都不能不料理。此外清水塘並茶溪均須設法部署，不能因坦之人，而置此等事於不顧也。汝以爲如何？餘事達如隨時通知可也。鳳皇回城，往見否？鄒元到否？閏月初二日岑叟手書。順問近好。羅大已挂號報名廣肇義學矣。

與把者

兩見信函詳細果經，再寄一封，明白信一文來

吉閩後再寄川再與無休一信視其代怨情

川沅經理八八序入來通告成都係評一紙

寄付根名用意。多不過二十元之數。我之

要論把之甚備。此可申不妨不謝也。此外

清水之振並爲條條將信郵寄。付回把

之人。而置此可稱不損也。汝從其所

作自途而隨時通告于外。風望回報往見

居鄉教訓者，閤前好古若度文字書

頃聞近狀羅振大拜手報告廬陵敬上

溥殷氏

聽颿藏

侍摹

1928

仲岐老兄廉訪大人閣下：疊奉惠書，碌碌未得即復爲罪。密示各節，讀之憤懣，亦已分別轉呈中座。邊事之不足恃，中丞亦所洞悉。前以歸順之事，函電交發，至再至三，不獨不能發聾振聵，而復語諸多不遜，殊出情理之外。朝廷重武已成積重之勢，雖中峯亦莫可如何，將久必悍，非虛言也。羊陸交歡，史册以爲美談，而平吴之謀發于叔子，然則當使命往來時，果皆出自至誠乎？抑彼此勢均力敵不能相圖，而姑虛與委蛇乎？今某公不能勵志自强，而欲恃此以爲安邊之略，可爲寒心。以麾下二十營之衆，而謂撥赴歸順之二百人均由招募，尤不可解。日本事，一時難了，而明年即法人换約之期，事變之來，不

059

張人駿

1846—1927

字千里，號安圃、健庵，晚號湛存居士。

直隸豐潤（今河北豐潤）人。

進士出身。

仲岐老兄廉訪大人閣下昨承
惠書殷殷未能即復爲罪
客冬奉節讀之愷惻忠亮已分別錄呈 中堂
邊事之不足恃 中堂亦以爲然 以歸順
之事函電交馳至再至三不得不能奪驕據
牘而後請諸多不遂殊出情理之外 朝廷垂
武已厭積垂之勞雖中峯亦莫可如何得久
無悍非意言也羊陵受歎史册以爲美談而耳
吳之深者於羊子然則當使命往來時不皆出自
至誠乎抑彼此有所力誼不能相圖而姑意与安
地乎今亦出不能屬志自强而欲懷此以爲安邊謂
之略可爲寒心以麾下二十餘年之家而攜歸
順之六人均由招募尤不可得日本事一時難
了而此年即使人接續之期事變之來不

可思議，如何是好？朝鮮事，全無佳兆。我軍退
紮九連城，劃鴨緑江而守，此八月杪事。月餘
無聞見，以意揣之，倭得鮮後，必多方布置，一時
無暇進攻我軍，亦暫作養鋭之計。以地球寂
貧寂弱之日本，而竟披猖至此，軍威之不振，至此
已極，不獨見笑於外夷，且恐犬羊輩從而生心耳。
奈何！奈何！楊習之事已與薇垣爲之解釋，當可
無意外之事。汪正清窮窘不堪，已遵
示與薇垣回明撫憲委隸
麾下，屬其即日首途。郭倅甫卸任回省，當可
稍俟也。書至此，又奉廿二日排遞
手書。所言倭事，與此間傳聞相彷。龍防之調一營，
亦中峯不得已之舉，不久亦必撤回。今日中丞正在
考武，日内當以尊函呈閲。嘉定北上，不知作何位置。
朝廷方以東坡爲南面長城，未必即調也。拉襍奉復，敬請
台安。不盡欲言。　愚弟張人駿頓首　初四日

可思議，無論是非，朝鮮事全無佳處，我軍近
於九連城劃鴨綠江而守，此八月杪事。月餘
之間，只以完揣之債，日經營方面，置一時
之頃，連敗我軍，亦暫作養鋭之計，以地球窮
貧窮弱之日本，而竟披猖至此，軍威之不振至此
已極，不特見笑於外邦，且遺大羞萬世，而生心之年
者何揚之事也。嗣後者之解釋，當亦
無見之事，江臣清篤，不堪已言。
示与巍樞四川，据寇毒肆，
麾下今其即日首途，部院首即任四川省，當可
稍慰也。書至此，又奉到吉擬通
手書，所言倭事与此間情形相仿，詳防之詞一覽
亦然。中華不得已之舉，不久亦可擬回。今日中丞正在
考試，日內書以茂才畫策閱卷。惟此亦不知作何位置，
朝廷方以東坡春南面長城未定，即調也。在旗者請
台安，不具。弟張人駿頓首　初四日

1927

壬子重九，八指頭陀招同伯言、秉三、石甫素食静安寺，子培以病不至

蓮社居然酒百觴，遠公招客作重陽。大千界裏風輪轉，第六泉邊井脈荒。寺外第六泉荒穢特甚。九廟神餻禾黍盡，一餐僧飯菊苗香。十洲浩浩蟲沙刼，如此人天作道場。

佛言平等最爲高，翻笑龍山登陟勞。《隋志》食餻先夢得，《隋書·五行志》：八月刈禾太早，九月食餻正好。曲臺有鞠啓離騷。禪牀坐我饒花木，節物催人感鬢毛。選韵尊前餘競病，插萸惜少一詩豪。

散原大師正和，增祥 頃得雖翁書，奉覽。渠之住址忘却，無從作復。先先得樓已領教，不堪下箸。

神童在此，無多耽閣。日内能拉渠過我，同訪酒家否？

1846

060

樊增祥

1846—1931

字嘉父，號雲門、樊山、天琴。湖北恩施人。

文學家。光緒進士。

有《樊山集》等。

壬子重九八指頭陀招同伯夔秉三石甫素庵静安古子培

以病不至

蓮社居然酒百觴遠公招客作重陽大千界裏風饕

猛第六泉邊井脈荒（寺有第六泉泉涸特甚）九廟神謀禾黍畏一饗

僧飯菊苗來十洲浩浩衆沙劫始與人天作道場

佛言平等最為高翻笑孤山空陟勞隋志良健先夢

得（隋出西行志八月以來太早九月良健正好）曲奁有鞠啓離騷禪林坐我饒花木甚

物僅人華髮毛選菊高菊與競病插萸惜少一詩豪

散原大師正和　垣拜

此詩雖為出寺覧集之往址忘却　余注作

海光之詩樓也能如［印］不堪下山者

神童在此去舍默闻日内能拉渠之我同访酒家否

運齋三兄大人閣下：奉
手書及時文數種，謝謝。館事都下有人，先容自較周
匝。合肥云昨士周亦言及，屬其致書余道昌字，先向
奎樂峰傳述師意，余乃電報總辦，與奎深交。此次入
都引見，皆奎爲之揄揚，現尚在都也。惟陳雲齋不
願去粵，仍願蟬聯。其人在直，不甚清絜，合肥向來情
厚，不願軋之。鄙人與合肥極論，萬勿兼涉陳一字，第不
知陳所謀即此席否。奎已請訓，日内當可出都矣。先
此奉明。葉鞠裳告合肥言，窓公即日可北上，比已旬日，
尚未到滬，甚念。究何時啓程耶？沈書求之上海未得，
始以屬
閣下，恐舊刻木〔不〕易得，問之鶴巢，竟未見也。鄙狀如昨，無可
告慰。雲楣到桂，舍姪已卸藩篆，水均下第，尚未還津。餘
不一一。即頌
台安，並問
合潭均福。　　佩綸頓首　五月十日

張佩綸

061

1848—1903

字幼樵，一字繩庵，號蕢齋。

清末直隸豐潤（今河北唐山市豐潤區）人。

與張之洞等號稱清流派。著有《澗于集》《澗于日記》。

運齋三兄大人閣下奉

手書及時文數種謝謝 館事都下有人先容自較周市 合肥昨寄士周函言及屬其致書余道昌字先向奎樂峰傳述師意余乃電報總署與奎深交此次入都引見皆奎首揄揚現尚在都也惟陳雲齋不願去粵仍願蟬聯其人在直不甚清絜 合肥向來情厚不願軋之節人與 合肥極論萬勿兼涉陳一字第不知陳所謀即此席否奎已請訓日內當可出都矣先以奉明 弟鞠裳告 合肥言 慈〻即日可北上此已旬日尚未到滬甚念究何時啓程耶 沈書來言上海來函始以屬

閣下恐舊刻未易得詢之鶴巢竟未見也 節狀昨無可告慰雲楣到桂余牧已卸藩篆咨部下第尚未還津餘不一一即頌

台安並問

合潭均福

佩綸頓首 五月十日

建侯我兄大人執事：兩月聚首，諸承
教益。凡百匱乏，皆出
君賜。取之無禁，用之不竭。拳拳之私，誠
不敢忘。別來三日，不啻九秋。頃奉
惠書，懽若面語，尤感尤感。弟暫寓旅舍，使
館須俟劉中丞首塗後乃能分派，能否相
容，尚不可知。舊任諸君所居三層，既不裝飾，
又不灑掃，無人空房，積塵累寸，乃至穢
惡之氣撲鼻全集，使人不可嚮邇。《魏書·蠕
蠕傳》所謂狗國，相去恐亦無多。不意數萬
里海外乃見此，況中國繩樞甕牖小户所
居尚不至此爾。迴視巴黎使館，竟若天上。許、
錢、胡、沈各君，皆有棄如敝屣、別覓樂土之

黃遵憲

062

1848—1905

字公度，號人境廬主人。廣東嘉應（今梅州）人。
清末詩人、外交家。光緒舉人。
有《人境廬詩草》等。

逵侯我兄大人執事兩月聚首諸承
教益凡百匱乏皆出
君賜取之無禁用之不竭奉奉之私誠
不敢忘別來三日不啻九秋頃奉
惠書懽若面語尤感尤感弟暫居旅舍使
館須俟劉中丞首途後乃能分派能否相
容尚不可知舊任諸君所居之層既不裝飾
又不灑掃無人室房積塵累寸乃至穢
惡之氣撲鼻呈集使人不可嚮邇魏春孺
之傳所謂狗國相去恐亦無多　不意數萬
里海外乃見此況中國繩樞甕牖小戶所
居尚不至此爾迴視巴黎使館竟若天上詳
錢胡沈君皆有棄如敝屣別覓棲止之

二星使所居甚佳，如能讓出一層，尚能暫住，否則必居山林矣。若意，此可知矣。倫敦陰雨連綿，石墨沉沉，烟非煙，氣味亦不堪聞。所幸離城數十里皆清爽，人言自今以往漸入佳境，蓋至四月至九月，最爲天朗氣清時候，然猶恐遜巴黎斯遠甚也。同事諸君想俱好，伯純、子衡、讓山、益三、秋坪、延卿均代爲問候。在德一月有奇，事事承陳敬如揔戎照拂周至，並乞爲弟致謝。景周想日有起色，見面統希代問。靜涵言其脉息甚好，亦可告知也。手此佈覆，即叩 勛安。弟遵憲頓首 初七日

弟等來此，劉公又賜一飯，因聯銜請其於明晚晚酌，劉公竟璧謝。其隨歸諸君本擬約其相陪，上賔既不到，此事遂作罷論矣。耑此敬白。匆匆，不莊。

二星使所居甚佳如能議出一層尚能暫住否則必居山林矣

意亦可知矣倫敦陰雨連綿煤石黑沈沈若烟非烟氣味亦不堪聞所幸離城數十里皆清爽人言自今以往漸入佳境蓋至四月至九月最為天朗氣清時候然猶恐日遜巴黎斯遠甚也 同事諸君想俱好 伯純子衡議山蓋之秋坪 延卿均代為問候在法一月有奇事事承陳敬如托比拂周至益見為弟致謝 景周想日有起色見面說希代問靜涵言其脈息甚好亦可告知也 弟此佈覆即叩

勛安 弟[illegible]頓首 初四日

弟青來此劉芝叟賜一飯因聯銜 請其於明晚晚酌 劉[illegible]竟登謝其隨歸 諸君今擬約其相陪 上賓既不到此事遂作罷論矣 附此敬問[illegible] 不莊

循環箋 錦林

1905

釋文

仲魯仁兄大人如面：前奉手函，欣悉大難之餘，靈光猶在，爲之距躍。浩劫已過，後事方棘，如何！如何！近遭五丈落星，海内震恐，高掌遠蹠，更有何人乎？

1848

063

劉心源

1848—1917

名崧毓，字亞甫，號文申，又號幼丹、冰若，晚號龍江先生。湖北嘉魚人。

近代金石學家、書法家。著有《古文審》等。

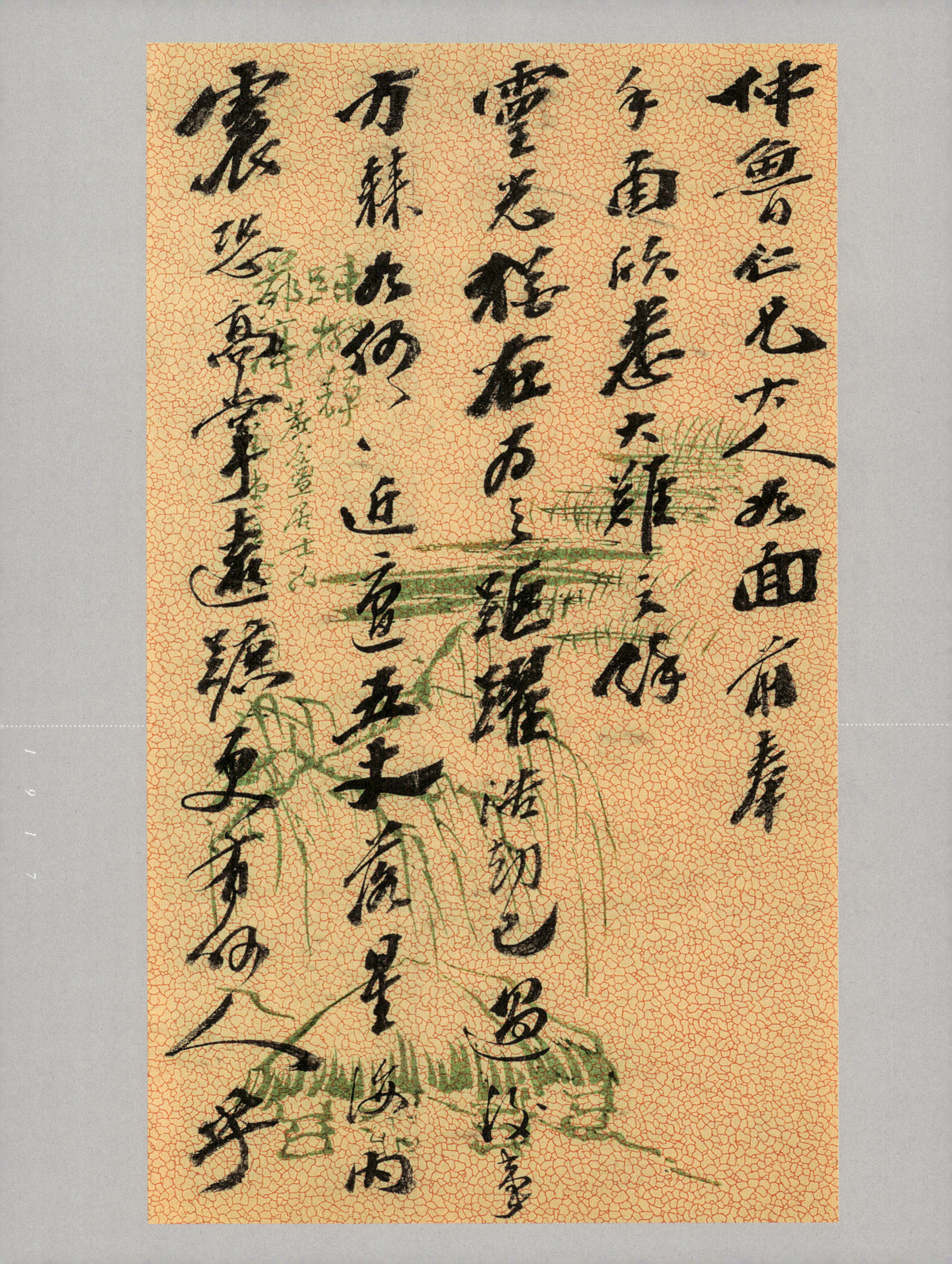

1917

仲魯仁兄大人如面 前奉

手函欣悉大難之餘

靈光猶在爲之踴躍浩劫已過竣事

方隸於役、近適五羊危星海南

懷想高掌遙瞻更有何人乎

釋文

執事久困洛陽，亦非長策，上則黄冠，中則外任，除此二途，尚有法耶？弟自蜀到此，無一可説，所幸債臺已頽，可以脱然。當此時艱，我輩究無本領，乃欲强顔作官，亦非

1848

釋文

今年大計，不便請假。

素志，擬開春即挂冠去矣。精神亦大不如昔，臂酸眼疾，足輭腹瀉，種種相尋，是以浩然有歸志也。久不通問，因去年隔絶之故。寄來英蚨三十元，以伴荒函，不足挂齒。便鴻南來，當有復我。弟心源頓首 十月廿日

1917

釋文

恒齋妹丈同年前輩世大人
閣下：不晤將十年。近兩年來，往返蘇滬，每探行踪，往往相左。嗣晤大老前輩，得悉貴體尚未全復，南菁一席，略可支撑，稍慰所懷。而性疏筆懶，欲以尺素奉候，久稽未果。昨君閎歸常，得承
手翰，如親
左右。相距百里之遥，思欲一棹奉訪，而俗事牽纏，未識能否如願。秋間
執事如來，鄙人又赴都門矣。思與
君髫齡締姻，弱冠與
君同膺鄉薦，迨相見則已各届

1848

064

邵松年

1848—1924

字伯英，號息盦。
江蘇常熟人。光緒進士。
著有《古緣萃録》等。

恒斋妹丈同年前辈世大人
阁下不晤将十年，近两年来
往返苏沪，每探行踪，往往相
左。嗣晤大老前辈濬生，
贵体尚未全复，两著一席，聪
弟支撑，稍慰所怀。而性疏草
懒，欲以尺书奉候，久稽未果。
昨君润归，常得游谈，
兄稽如视。
左右相距百里，遥思欲一捧
袁访，而诸事牵缠，未识能如
愿。秋间
执事如来，鄙人又赴都门矣。思与
君髯龄、緯烟、翁翁与
君同雁乡荐，匠相见时已登仙

釋文

1848

三旬。初以
君文章得承　家學，自是清
華之品，後得與
君同館，始知非僅以詞章見長，
真天下有心人也。前者
一麾出守，方冀得展所抱，發
軔于一郡之間。乃二豎無情，退擁
皐比，時耶？運耶？固不僅爲一
人惜也。方今學術多歧，非乏人才，
咸不軌于正。造就之道，
君亦預有責焉。不識尚能出所見，
與同志切劘否？兄迂拘不化，與時
相違，自甲冬中州歸來，遂有藏
拙之志。乙未奉　母還里，滿擬
林泉終隱，祗緣　老母水土不慣，

釋文

時有小疾。丁酉之夏，依舊北返，
年來南北遂無定踪。老母年
已八旬，不欲遠離。且一入名場，事事
違心，轉不若野雀閒雲，此身
得以自主。去秋歸來料理瑣事，
夏初即當北行，兼爲瀛兒畢
姻，或竟無心出岫，亦未可知耳。
舍弟遁而之商，殊不得法，恐將
廢然而返。兄臘底一病，亦頗可
駭，幸得安復，深可告
慰。思繩正月得晤，知令姪女病體
未復，春深或可漸痊。手此縷復，
未盡所言。敬頌
雙安。　兄松年頓首
前輩不可廢自道以示親誼。　三月初六日

1924

釋文

嬴驁加齒繫
宸襟，
親御仙豪振
玉音。既晚
勖爲霜下傑，不遷
鑒此歲寒心。談經辟暑
恩彌厚，授服懷憂力豈任。耄學宋臣裁及第，
愧無塵露答
高深。

八十二歲生辰蒙　恩親書『老圃黄花標晚節，仙洲丹橘擁高門』一聯并如意文綺以賜。恭紀
悟仲館丈指正。　寶琛

1848

陳寶琛

065

1848—1935

字伯潛，號弢庵。福州閩縣（今福州）人。
同治進士。
有《滄趣樓詩集》等。

羸篤加齒鬆

宸襟

親御仙豪振

玉音既晚

勗為霜下傑不遷

鑒此歲寒心談經辟暑

恩彌厚授服懷憂力豈任耄學宋臣裁及第

愧無塵露答

高深

八十二歲生辰蒙 恩親書耆圖黃花標晚節仙洲

丹橘擁高門一聯并如意文綺以賜恭紀

愔仲館丈指正 寶琛

1935

釋文

摇摇身世竝懸旌，千里秋心共月明。邊鴈已深相警意，海鷗容有未寒盟。年來接袂常書殿，夢裏聞珂尚火城。最是超然臺上客，能知吴質不眠情。

次韵酬徐太保青島中秋見懷

搖、身世茲懸旌千里秋心共月明邊雁已
深相忘海鷗容有梗寒盟年來接袂常
書殿夢裏湖阿尚故城最是超然臺上客錢
知吳質不賦情
次韻酬徐太侔青島中秋見懷

恒齋世叔大人閣下：別來屢奉
惠書，具紉
人還，欲以少物將意，思之苦不可得。此不獨窘狀咲人，亦不熟於人世應酬，故無從著想。唯拙刻新近印出，似尚整齊，謹上一部，希詧入。
雅愛。紀綱到京，備悉
政履之詳，深慰馳仰。大盜破獲，枹鼓不鳴，今日爲坡公之徐州，它日即爲龔生之渤海，天下事何者不可爲特？近日吏治皆以長孺、淮陽爲法耳，奈之何哉？海口炮臺

1849

王鵬運

066

1849—1904

字幼霞、佑遐，號半塘、鶩翁。
廣西臨桂（今桂林）人。清末詞人。
著有《蜩知集》等。

恒斋世妹大人阁下：别来屡奉
惠书，具纫
雅爱。纪纲到京，备悉
近履之详，深慰驰仰。大局破坏，枪鼓
不修，今日为政，上下纷然，穿即为离生之渐。
读天下事，何皆不可言。为持近日变区，皆以长
摇落阳落，流竟，发可哉，岭炮台

今送此少物，略意且了。若不
可得，贵宗精窖状漫，人气不盛于人。
昔在谢敬余从获樱，地挂刻刻。
近印出，似有楼高澄上一部，奉赠入。

同心之言
六卅為成興作
成興

卓識遠見，其事如成，不獨棠疆受益。不知已定議工程，所係尤不可任非其人，若草草爲之，轉不如其已也。承去冬

尊體違和，近自己復元勿藥矣，馳念馳念。姪鄙狀依然，體氣似較前二三年爲少佳，而此中鬱鬱終不能開，是以夜眠時如夢魘，亦無藥可醫，只有聽之。文字除去冬一篇外，尚未繼作，

今讀嘉兄至事久感不福案雖更善不古已
空識工程所得尤甚佳此並人答筆為之轉
不如是已也承去冬
筆鋒遠和遊同已後元無寫矣弛急于握節
狀從鉅譜光機錢弟二三年為廿律碎生年
雙鋒不張開照之根勝時久夢魔而去乃至
盡只有勝之文字除去冬一信為我君未能作

六廾爲成興作

成興

1994

固由懶病復發，亦外顧内瞻，人天熙皞，逐處皆承平雅頌之聲，似未聆以不祥之言，强聒清聽。去冬與子培、仲弢諸君子爲消寒之集，歲晚冰雪，頗不寂寞。入春以來，諸君皆亟亟抱佛腳，唯鄙人無所事事，愈益無聊，日惟來往於黑甜鄉中，藉烟艘供養，更覺與世相忘矣。亦不多作。今年所得不及十闋，謹録上兩解，以可藉觀懷抱

固由懶漫豈必能肉眼人天照鑒遐宜
皆承垂照然之華以求聲以示詳之言頌聲
請聽吾兄之子瓊偈佛彼詩言我消之之集
父雪於不寐寫之入来以求詩書皆愛之抱佛腳
嗤師人笑所事之念菩之七御日恬来法於星甜
鄉中蕉姻緣借葛更覺與世相忘墨亦不多作
今年何以不及十開這個上酒閑以了錯觀悠抱

古井為 同邑道 成興作

1904

也。前懇作圖，近自更無暇晷。然訟庭花落，亦必有閑時，但能撥冗賜揮，俾天末故人如時親風采，且藉慰鄉思，其拜賜不翅百朋之錫也。高陽病近似少定，然能出與否，尚未可知。雖不致失一司馬光，然滿目悠悠，尚無其匹。天時人事，但有徒唤奈何耳。人還，草草不盡所懷百一，千萬爲國珎重。祗敂政安。三月廿四日姪王鵬運再拜

1904

也。前聽江蜀近自更多晚暑，欲詢庭花落亦應

首閑時但恐攜兒攜擇停天未，故人如時親

風采且莫顛倒鄉里吾撰得不趣，雨細細遊也高

何痛近此步空，從聽出與吾夢來可知，雖不致失

一日可完，然滿目懸懸，書生遠天，時人事俱有流

喚奈何。人意莫不異，所願有一千萬為

國珍重，諸祈敬

政安。三月廿四日 闓運頓首再拜

同心之言

六开為成興作

成興

釋文

蘭墅尊兄大人執事：迭展兩次
手示，敬悉。承
録示課作五首亦領到，深費
清神，莫名感荷。賤恙託
庇漸愈，惟晚卧尚須高枕，精神委頓，迥異疇昔。此則
年來憂患摧抑使然，非藥餌所能驟效也。伏暑向
闌，想

1849

葉昌熾

067

1849—1917

字鞠常，一作鞠裳，號緣督廬主人等。
江蘇長洲（今蘇州）人。近代金石學家、文獻學家、收藏家。
著有《語石》《藏書紀事詩》等。

蘭墅尊兄大人執事迭奉兩次
手示敬悉承
錄示課作五首已領到隨費
清神莫名感戢
庇病愈惟晚臥尚須高枕精神委頓迥異疇昔此則
年來憂患摧抑使然非藥餌所能驟效也伏暑向
闌想

佛頂尊勝陀羅尼

開元四年戊午宏書經幢 幢殘一

释文

玉體定臻康健，諸祈
珍衛是禱。六月分課卷五十七本閲竣，寄繳内江紹
堅一本，文既荒率，且失寫題目，不得不置之不列等。是
否有當，並希
裁奪。手此奉復，敬請
台安。　　　弟昌熾頓首　八月初三日
世兄均此。

玉聰室滕康健諸兄

珍衛是禱。六月分課藝五十七件閱後寄繳，內以欽

點一本文況荒年且先寫題目，不得不置之不列，等甚

至有當意希

裁奪。手此并頌

教祺

不一

弟 昌熾頓首

世兄均此

八月初六

開成四年奚虛己書經幢　幢殘一

蘭墅尊兄大人執事：日昨寄上寸椾並四月課卷六十一本，旋又展誦手示暨五月分卷四十五本，一切拜悉。賤恙屢治罔效，寒溫攻補，幾於無所不服。昨有人言西河沿廣德堂段氏金丹善治喘嗽，姑試一劑，晚間竟得安寐，真良方也。惟久嗽之後，肺經大傷，聲啞不揚，稍一搆思，即覺心悸。此次課卷，衹能稍緩閱寄。先寄呈七月課題一紙，敬乞

1917

蘭墅尊兄大人執事：日昨寄上寸椷，並習課卷
字十本，諒已達覽。補
呈字登五百分卷四十五本，一切拜呈，賤(?)造(?)至慶(?)
閏(?)冬寒溫後補裝於冬所不服，(?)有人言西河府(?)
盧德堂(?)段氏生(?)丹(?)葉(?)佐(?)喘嗽，姑試一劑，晚間竟
得安寐，具言云方，嘘久嗽之夜(?)肺經大傷，厥(?)
喉不損，稍一搆思，即覺心慄，此次課卷祇能
稍緩閱竟，先行寄呈。七月課藝一紙，錄(?)呈

檢入。遵
命改爲三藝，論、賦、詩。以兩藝作完卷。八月中擬改
爲經文一首策一首，試帖去之，改爲雜作一首，未
識當否？稍緩數日，即行續寄。手此布上，敬請
台安。　弟昌熾頓首
世兄均此。　十五日

检入尊览

命改为三艺（诗 论 赋）四艺 艺作完者 有中拟

为经文一首 策一首 试帖七言八句 杂作一首 未

识尊意否（稍缓数日 即行奉寄）手此布达敬请

台安

世兄均此

弟昌白顿首

十五日

釋文

《先帝實録》上年八月已纂成三十年，惟後四年以檔案未到，館員多播徙，幾輟業。比聞召集十九人，別籌款項，限期趣成。得章編修梫書，言其大略，殆與温毅甫同與斯役也。天末小臣，追懷前烈，中夜起坐，涕泗滂矣。

慶坻謹拜復

1849

068

吴慶坻

1849—1924

字子脩，一字敬疆。浙江錢塘（今杭州市）人。參與續修《浙江通志》。著有《蕉廊脞録》等。

先帝實錄七年八月已纂成三十年維後
四年以檔案未到館員多播徙幾
輟業比閱前集十九人別纂款項限
期趣成得章編修梫主之世大[illegible]始
与溫毅甫同與斯役也天末小臣追懷
前烈中夜起坐涕泗滂矣
慶琛謹拜復

志文貞公上年十一月二十日殉節，（十九兵變，二十被害。）謹以奉告。或屆期，或提前，請酌定。丙子如平園、完巢、任逢辛、汪子淵，（曾相過）庚辰如乙庵兄弟、崔磐石前輩，丙子庚辰如左笏卿，此外則未能詳矣。（兩科之外，尚有與文貞交契者。）

節公年老前輩　侍慶坻頓首

兩次辦祭，均應派分，衆心乃安，不可使　公獨任也。

1849

忠文貞公六十年十一月二十日殉節 十九兵變 二十被害
謹以李告哉虔誠哉提前請
酬定雨子如奉園覓菜佳逢辛任子關
康辰如乙庵又弟權照石前掌雨子康 曾桐遇
辰如左易卿此外則未能詳矣 此科亦有與文貞公契者
前以年老前輩待茲談 老
此次以絲繁均應派令衆心乃安 不可使 公獨任之

1924

天門詄蕩高九閶，楚客抱璞趨明光。七貴五侯不入眼，行歌燕市心蒼茫。文章古來交有道，邂逅汪倫識
君早。翩翩濁世非尋常，鳳舉鴻軒足傾倒。論交日淺情自深，知 君貴義輕黄金。縱談常憾嚴城隔，教典不覺夕陽沈。

君家嚴君古循吏，豐沛南陽盛門第。屏翰卅年龍虎節，傳家七葉貂蟬珥。金戈鐵馬皋蘭秋，昔 君綺歲方從游。胡笳萬里邊聲壯，横笛三臺朔氣收。一唱伊涼澆壘塊，更游齊魯觀滄海。東郡趨庭似少陵，秦碑漢殿今安在。稷下風流高等儕，飛觴日暮分詩牌。高文一序比滕閣，秋水長天未是佳。天生才人豈容屈，碧海三山竟何物。大名先滿孝廉船，張憑勃窣爲理窟。思園坐擁百城居，日下名流總不如。緑野園林足勝事，鄉嬛福地多奇書。我少耽吟鬥捷敏，連篇苦多如束筍。比來失意箋蟲魚，仕官不進才亦盡。羣公歌舞太平年，杞人何知憂仰天。鳳闕神明鬱特起，甘泉郊時成炎煙。應璩百一聊託諷，西崑酬唱安足重。豈意俚言達高聽，猥蒙次韻過矜寵。君才横逸真詩豪，欲報愧乏英瓊瑶。側身西望忽大笑，落落澹澹青天高。

己丑下第，留滯京邸，因汪君頌年識
子蕃詩伯于都門，傾蓋如故，屬與同館諸君共作感事詩五首。
君見之，遂各次其韻見和。格律蒼渾，寄託遥深，乃作長句贈
君，以誌傾慕。即希吟壇教正。

鹿門弟皮錫瑞初稾

1850

069

皮錫瑞

1850—1908

字鹿門。湖南善化（今長沙）人。

清代經學家。

著有《經學歷史》《今文尚書考證》等。

天门訣蕩高九閶楚客抱璞趁明光七貴五侯不入眼
行歌燕市心蒼茫文章古來交有道邂逅汪倫識
君早翩翩濁世非尋常鳳舉鴻軒足傾倒論文日淺情
自深知　君貴義輕黃金縱談常慨嚴城隔斜曲不覺
夕陽沈
君家嚴君古循吏雲沛南陽感門第屏翁卅年龍虎節
傳家七葉貂蟬珥金戈鐵馬皋蘭秋昔　君結客方從游
胡笳並起邊聲壯橫笛三疊翔雲收一唱伊涼洗壘垣更好
齊魯觀滄海東郡趙庭似少陵秦碑漢殿今古在稷下
風流高等儔飛觴白暮歌詩牌高文一序比滕閣秋水長天
共是佳天生才人豈窮居碧海三山竟何物大君光滿孝廉
船張憑動宰乃退屋思園坐擁百城居日下名流継不乏
綠路園林足豫事聊擺福地多奇書我方耽吟朋捷敏連
篇善多如東箭比來失意笺翁無仕宦不進才豈羣上
歌舞太平年杞人何知憂仰天鳳鬭神爲鬱特起甘來
郭時成炎鍾應緣百一聊託諷西崑酬唱安足重豈意
俚言達高聽猥蒙次韻過於寵　君才横逸真詩豪欺
報愧乏英瓊瑤側身西望且大笑蒼蒼蒼蒼青天高

己丑下第留滯京邸因紀君頌年識
子蕃詩伯于都門傾蓋如故屋與同館諸君共作感事詩五首
君見之遂忝次其韻見和格律蒼渾寄託遙深乃作長句贈
君以誌欽慕即希　吟壇粲正

唐門弟皮錫瑞初稿

1908

釋文

今日本擬過中學堂一行，以大雪而止，未知放榜否？
公如往監拆彌封，希查此三名下。名單附呈。
中魯仁兄大人　弟樹枏頓首　初五

1850

070

喬樹枏

1850—1917

字茂萱，一字損庵。
四川華陽（今成都雙流區）人。
光緒舉人。

昨見一旗下巨公，言頭髮胡同不設學，則西南隅學子不便。弟答以改建右翼宗學。此老曰：『此地吾亦知之，但已在絨線橋東，多客籍人，旗人住此者少耳。』弟思此必非一人之言，輒以達之左右，似可與埜、月二公商之。詣談不值，專上中魯仁兄大人左右　弟樹枏頓首　初五

昨見一旗二亘公言頭髮胡同不設
學則西南隅學子不便事若以改建
右翼宗學此之曰此地吾亦欲之但已
在織繡橋東多宗籍人族人住此者
少耳東思此若非一人之言粗以達之
左右似可與楚月之公商之舊談不值專上
中魯仁兄大人左右 弟樹楷去

初五

1917

釋文

柱兒知之：昨發桂辛一信，內有錘與汝信，想即收到。湘筠喜期當是陰厤四月廿一，若是陽厤，我家前往已來不及，是陰厤則汝母必到京一行。屆時之前，請桂兄約定專車，我亦乘便到津，藉與

071 瞿鴻禨

1850—1918

字子玖，號止盦，晚號西岩老人。

湖南善化（今長沙）人。

同治進士。著有《止庵詩文集》等。

桂兄知之昨昔 桂弟一行内有
鍾与湘行想即收到 湘筠喜
期當是陰曆四月廿一前至陽曆
我家前往已来不及是陰曆則我
母要到京一行 届時之前請 桂兄
约定專車 我亦要便到慕津耨与

釋文

暢聚，一伸情話。頃接汝十七來信，

云桂兄津寓右旁適有一空宅房

間，租價尚爲合式，即請桂兄一定

代爲佃妥，租金亦望暫墊。有此寓

宅，便可準行，尤喜與桂宅爲鄰，

一切如意也。此信即呈桂兄嫂一閱。老人字 廿二日

1850

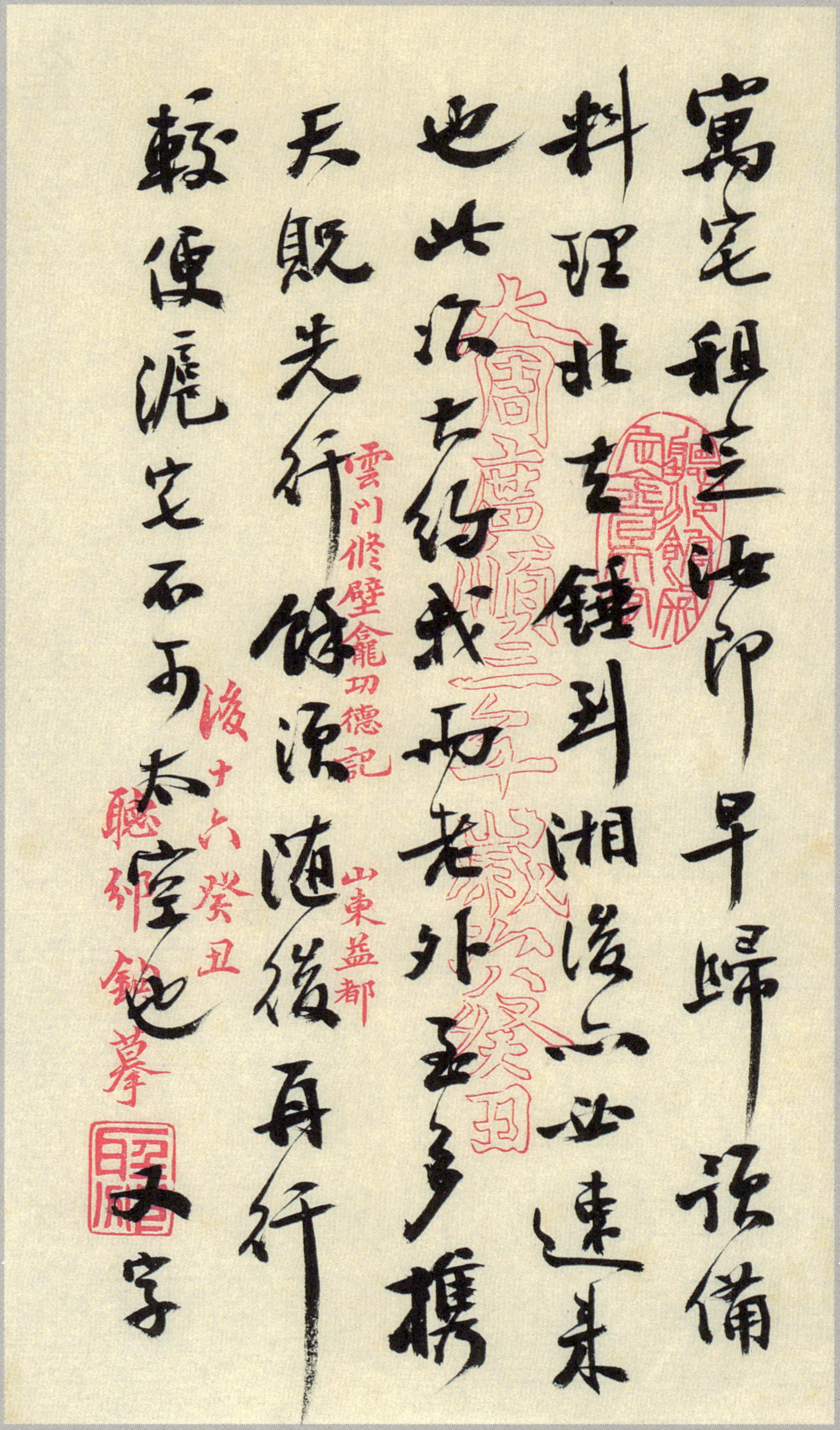

釋文

寓宅租定，汝即早歸，預備料理北去。鍾到湘後，亦必速來也。此次大約我兩老外，至多携天眖先行，餘須隨後再行較便，滬宅不可太空也。又字。

1918

釋文

秋暑未闌，不審
道體已復常否？石濤《道德經》一册，
《東武家書》一册，《廣濟行録》一册，又王文
成卷套一筒，均繳呈，希　查入。庸庵
到杭後有信否？肅請
中堂頤安。　　曾植敂上

1850

沈曾植

072

1850—1922

字子培，號乙盦、寐叟。

浙江嘉興人。

學者、書法家。有《海日樓詩文集》等。

秋暑未闌　不審

道體已復常否　石濤道德經一冊

東武家書一冊　彦倫行錄一冊　又王文

成卷奁一箇均敬呈　左右　者又膺庵

到杭後有信否　肅請

中堂頤安

曹植敬上

杏林裁牋

1922

釋文

示悉。弟有車并有僕，惟借轅羸即可，尊車勿須整理也。伯希約十六日，同行者逸珊舍人。逸珊今晚忽病利下，大約惟弟與伯希矣。能偕游，尤幸甚。此復

中魯仁兄同年

弟忞叩

1850

柯劭忞

073

1850—1933

字鳳蓀，號蓼園。山東膠州人。歷史學家。著有《新元史》《春秋穀梁傳注》等。

釋文

昨晚伯希約游盤山，須月底方回。左右稅驂之賜，乞先借用數日爲荷。無事能偕往一遊否？

中魯仁兄同年　弟忞叩

釋文

新三老弟足下：匆匆未及送別，
想已安抵武昌矣。愚明日亦將趁車
南下，得有遊侶，當赴雁宕一行，
再折入嚴州，過西臺一吊鄉人謝

1852

林紓

074

1852—1924

原名群玉，字琴南，號畏廬，別署冷紅生。
福建閩縣（今福州）人。文學家、翻譯家。
著有《畏廬文集》等，譯有《黑奴籲天録》等。

1924

兼之老弟足下匆匆未及送別想已安抵武昌矣恐明見思歸趣耶南下得自遊侶書赴鄂省一川再拜人蕊明過西台下卿人謝

釋文

皋羽。此番若走武漢一路，即當與老弟作數日之留。兹有敝友楊君昭修令兄，需次溪上已久，吾弟見時，乞爲留意，得一噉飯之地足矣。玉含姪事，可相機爲之道地。行色匆

1852

釋文

匆，不及詳叙。諸惟
鑒宥。即問
侍安。 愚兄紓頓首

（朱）盧畏

鈐印

1924

釋文

1852

清臣我兄大人足下：前承
囑需百圓，本擬某鉅公壽
文潤筆送到，即行寄津。昨
日乃僅惠五十圓，只能一笑受
之，由中國銀行兑呈
察收。近日編書局三百元已停，
弟又不在學堂，家下動費但
恃賣畫一項，外似充裕，中實
枯澀。近又竭其餘資典宅，故

釋文

出納頗形拮拒。

兄知我，定能爲我諒，弟萬

非一毛不拔之人也。匆匆奉覆，

諸唯

鑒宥。

弟紓頓首

左冲

釋文

雨辰同年足下：俞春海回時屬致一一。據其口述，歲内尚復南來，並有代催廠股之託，既而杳然。今初三日，黄游擊自十二圩來，告以海分司與江運司齟齬之故，他不敢知。江人鏡之貪昏同於瑞璋，蓋道路之人口口相同矣。尸於其位，久而成妖，宜世局之日蹶也。南州爲通廠出力，都人皆知之。前親爲弟言，三萬，分二期滙寄，雖足下言亦如此，今十

1853

075

張謇

1853—1926

字季直，號嗇庵。江蘇南通人。
實業家、教育家。有《張季子九録》等。
今人輯有《張謇全集》。

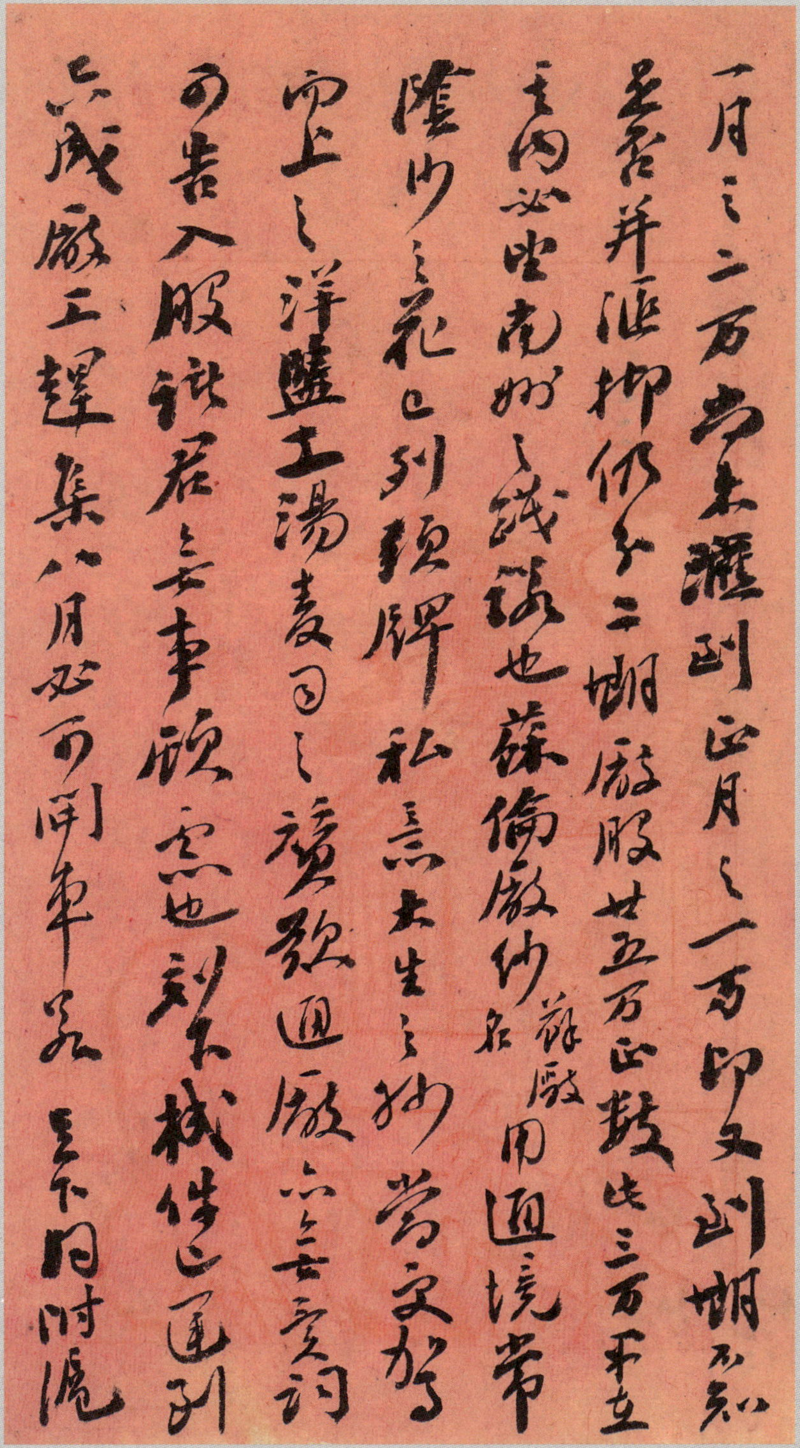

一月之二万尚未滙到，正月之一万即又到期，不知是否并滙，抑仍分二期？廠股廿五万正數，此三万不在其內，必望南州之踐諾也。蘇倫廠紗（蘇廠名。）用通境常陰沙之花已列頭牌，私意大生之紗當更駕而上之。洋監工湯麥司之贊歎，通廠亦無異詞，可告入股諸君無事顧慮也。刻下機件已運到六成，廠工趕集，八月必可開車。若足下同附滬

釋文

一月之二萬尚未滙到，正月之一萬即又到期，不知是否并滙，抑仍分二期？廠股廿五萬正數，此三萬不在其內，必望南州之踐諾也。蘇倫廠紗（蘇廠名。）用通境常陰沙之花已列頭牌，私意大生之紗當更駕而上之。洋監工湯麥司之贊歎，通廠亦無異詞，可告入股諸君無事顧慮也。刻下機件已運到六成，廠工趕集，八月必可開車。若足下同附滬

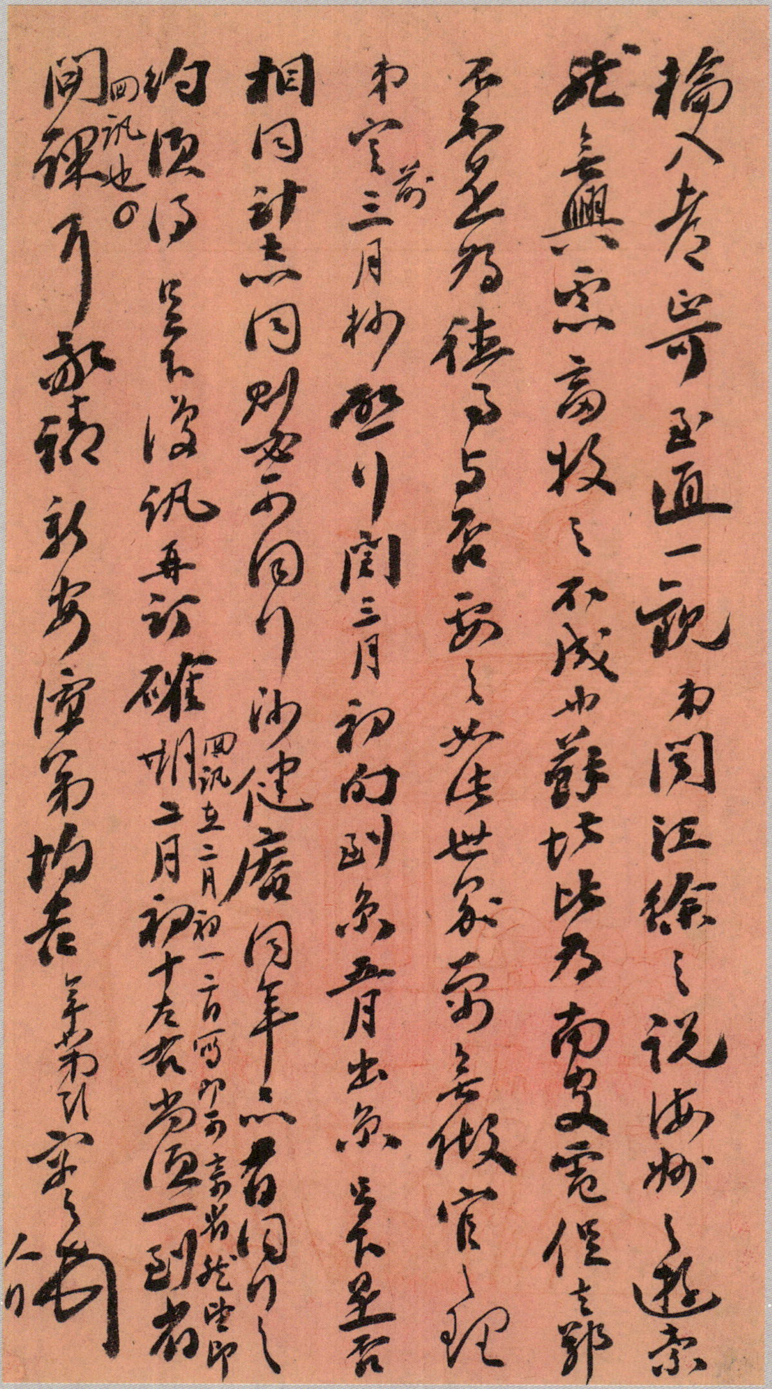

釋文

輪入都，正可至通一觀。弟聞江徐之説海州之遊索然無興，慮畜牧之不成也。蘇堪比爲南皮電促去鄂，不知是爲德事與否。要之，如此世界，萬無做官之理。弟定前三月杪啓行，閏三月初旬到京，五月出京。足下是否相同？計志同則必可同行。沙健庵同年亦有同行之約，須得足下復訊再訂確期。回訊在二月初一二日寫，即可寄省，然望即回訊也。二月初十左右尚須一到省開課耳。敬請

新安，潭第均吉。

年小弟期謇頓首

人日

釋文

俞春海在此販麻而去，約值數百千許，歲底送來。前途屢來探問，祈并屬其與前途一訊，能速尤妙。顧姓事，舍親沈敬夫已爲調停就理，想具知之。知念附及。

释文

正在看理學卷，兩眼昏花，大詩佳惡不能便知。可怪者，苦中作樂耳。又和帥詩而不和我詩，勢利甚矣。文正、文節均當誡之。借書事，我暫不管。此復

實弟　立頓首

易　大　人

1853

陳三立

076

1853—1937

字伯嚴，號散原。

江西義寧（今修水）人。

詩人。有《散原精舍詩》等。

正在看理一字来两眼昏花
大诗佳恶不能便知而怪者若
中作乐耳子和即诗而不和
我诗势利甚矣文正文三郎
均当识之借书李秋声尔
公已以复　三百
寅　小弟
为　大人

1937

釋文

鹿革仁兄大人閣下：得
手札，驚諗
老伯大人仙逝。吾
兄純孝性成，自必逾恒哀
痛。但
老人年登大耋，遺憾全無，
吾兄可以節哀，以繼志爲重，
切切。弟冗忙，不獲走唁，兹特
送番蚨四元，以當生芻之奠，
並前三十二元之數，兹亦奉還。
久挂未早清款，伏惟
亮恕。此問
孝履，不宣。弟嚴復頓首
匆匆恕罪。

1854

077

嚴復

1854—1921

初名傳初，曾改名宗光，字又陵，又字幾道，晚號瘉壄老人，福建侯官（今福州）人。近代啓蒙思想家、翻譯家。今輯有《嚴復全集》。

鹿苹兄大人阁下：得
手札惊谂
老伯大人仙逝，吾
兄纯孝性成，自必逾恒哀
痛。但
老人年登大耋，遐龄全寿，
吾兄可以节哀，以继志为重，
切切。弟况拮据，不获专[illegible]，特
送奠仪四元，以将生刍[illegible]，
并前三十二元之数，[illegible]
久挂未早清，[illegible]
亮然。此问
孝履不宣。弟[illegible]顿
匆匆恕罪

1921

釋文

仲魯三弟執事：自聞
台從出都赴金蕪之聘，遂絶不得
消息。後有賀書，乞東父兄轉致，
雖郵遞遲滯，計終可達，乃亦至今
未得
復函。内有數事，渴欲相問，久不得耗，

1855

078

馬其昶

1855—1930

字通伯，晚號抱潤翁。
安徽桐城人。學者。
著有《抱潤軒文集》等。

仲魯三弟執事：自閩兄從出都赴金陵之聘，遂絕不得消息。後有賀書乞東旭兄轉致，雖郵遞遲滯，計終于達，乃至今未得復函。內子有事渴欲相問，久不得耗

1930

釋文

盼望之切，不免私怨喁喁矣。仲實客天津，屢屬其訪問，或云在都，或云往廣東，然皆不能言其詳。昨東父兄來書，始知台從在保定館中，頗有書，極便用工，聞之甚慰。又知去年亦曾有書見寄，不知竟由何處浮沉。其昶跧伏閭

1855

釋文

里，無师友切磨之益，志氣日益頹廢。
時時取先儒格言及良友手書，莊誦
數過，輒稍自警策。然性質柔懦，慫
尤叢至而不能改，每思
左右進德不懈，未嘗不媿汗霑衣也。前所
惠書，如有存稿，仍希

1930

釋文

寫寄。索居屏處，恃此以自慰自勉。封交福興潤、全泰盛二局，皆可達。不得手書兩年矣，拳拳之私，足下頗能諒此情乎？其昶尋求先祖、先母葬地，三年始得，以財力不足，地主居奇，至今未能買，亦無可如何也。家

1855

釋文

居終多人事，不能一意讀書，又聞見狹陋，故別後學問毫無所進。惟敘述鄉先輩遺事，成《桐城耆舊傳》二十二卷，恨道遠不能就正。夜夢聚談甚樂，同訪東父，拜其老母於堂上，早起益相念。略報，不具。其昶頓上 閏月廿一日

1930

昨得 令叔大人及摭園兄統此致候。

手示，極承

注愛，感紉無已。摭園兄乃能俯從所

請，尤爲欣慰。當時所以躊躇，未即奉

答者，以鞠裳久病未愈，其太翁有令回

南就醫之説。如开春能愈，固爲幸事，不

然尚須南歸，總視明正病勢增減以定

昨得
令姊大人及植園兄統此請候
手示，極承
注愛，感紉無已。植園兄乃能俯從所
請，尤為欣慰。當時所以躊躇未即奉
答者，以鞠裳久病未愈，其太翁今回
南就醫，醫說如開春能愈，固為幸事；不
然，尚須南歸，總視明正病勢增減以定

菲庵自箋

行止。聘師大事，既未敢略涉冒昧，又未便緩待明春定議，是以籌思難決。倘摭園兄能先應陳聘，鞠裳幸能不歸，或者數月之後，吾甥終得坿於門下，固所大願耳。吾正月半前决計旋里，未得時親教益，甚歉甚歉。餘容趋候，不具。

華卿仁兄有道　其昶再拜

行止聘 師大事既未敢略瀆冒昧又未
便復待明春定議是以籌思難決倘
摭圃兄能先應諫聘 鞠裳幸能不歸
或者翁月之後吾甥終得附於門下固所
大願耳吾今年前決計旋里未得時親
教益甚歉歉餘容趨候不具
華卿仁兄有道 其昶再拜

釋文

中魯道兄左右：隻奉教書，闕然不報，卒卒不遑，幸勿爲過。比維文章侍從，聲譽日隆，甚善甚善。弟墨經從戎，本非宿志，屬因敦迫，遂事周旋。服闋告期，既已請去，乃因東事，抗疏挽留，終當歸朝，仍安吾拙。起復一節，尚未舉辦，是否須躬往本署陳請，抑俟離營到京再行辦理，統希查示，俾有遵循，盼禱盼禱。承

1855

徐世昌

079

1855—1939

字卜五，號菊人、弢齋。

直隸天津（今天津）人，生于河南汲縣（今衛輝）。

曾任北洋政府總統。編著有《清儒學案》等。

中魯道兄左右曩奉
教書關照不報卒々不遑近奉白為易過北維
文章待從聲譽日隆甚善々弟墨絰從戎
本非宿志屬因敗退遂事周旋服闋告期既
已清去歲因東某瓦擾黔終當歸
朝仍安吾拙赴汉一節尚未舉辦是否須躬往
本署陳請抑俟難營到京再行辦理統希
查示俾有遵循盼禱々頌

屬，自當如

約。此間留意人才，頭角嶄然者，自能處囊脱穎，

矧辱

諈諉，敢不敬承。造次宣述，辭不盡意。復候

史席曼福。弟世昌頓首

家表叔調任廬州，上書未覆，不知達到否。昨有人云遇

鹿儕於滬上，言其久病初愈，殊念切也。

屬自當知。

偏此間留意人才，頭角嶄然者，自能處囊脱穎。

劄厚謏淺，敢不敬承，遇次宣述，諒不負意。復候

史席暑福。弟世昌敬上

家表姪潤任，任盧州，上書去歲，不知達到否耶？有心云遇

庚儕於滬上，言言其久病，病初愈，殊念之也。

1939

釋文

高亖白山茶花寒艷，最宜清供。石芝西堪前承
賜覆萼，琴書餘韵，稭以生妍。願得乘時再
惠一二枝，殘芬賸馥，沾丐不淺。遲日恐有飄零之
感，莫待空折枝也。琴川麗質，亦同此槩。此致
詩舸主人棐几
石芝言

1856

080

鄭文焯

1856—1918

字俊臣，號小坡、叔問、大鶴山人。
奉天鐵嶺（今屬遼寧）人。詞人。
著有《大鶴山人詩集》等。

釋文

日前作函，正擬奉招作近局，竟夕聽歌，聊遣積悶，忽大雨如注，頓滅清興。矜山亦抱病，累日惟高卧小慶，不免清獨之感也。敝友秦君惠田歸秦，又以所藏張畫船手拓古鏡四幅并題跋甚可玩索，擬連前佩玉共銷廿餅，仍乞

大賢將伯之助，想當概諾，以極窮旅，感幸無已。弟近亦患濕疾，時有河魚之痛，頃服藥小瘉，差比告慰

中漁先生道履。

弟焯頓首　廿三日

釋文

唾絨窗底。静夜緘愁憑錦字。鴛杼侵尋，中有年年壓綫心。　調鉛吮墨。身是沉冥江海客。　半幢齊紈，好共楹書一例看。　減字木蘭花，奉題挹珊先生遺墨。　朱孝臧

邨彊（朱）

鈐印

1857

081

朱祖謀

1857—1931

原名孝臧，字古微、藿生，號漚尹、彊邨。

浙江歸安（今湖州）人。

光緒進士。詞人。著有《彊邨語業》等。

釋文

頃歸奉

手教並珍籍多種，感謝無極，敢不拜

嘉。承

命爲彙刻傳奇弁言，弟於曲學從未擘索，

何能置喙？或題長調一首，以副

垂委，何如？肅謝，敬頌

楚園先生大人箸安。弟祖謀頓首

十七日

釋文

木葉紛紛落，離愁比更多。兩川方觖望，三晉已懽歌。迢遞恒山麓，潆洄錦水波。秖應嚴僕射，持節重來過。

奉使能尊主，臨戎本庇民。苦心銷隱患，正色服强鄰。令子知名早，諸生被澤新。由來崇教

1857

082

江瀚

1857—1935

字叔海，號石翁，福建長汀人。

教育家、詩人。

著有《慎立齋稿》等。

释文

化，不僅姓文人。

顧我才無似，偏邀契合深。佳篇頻唱和，勝迹屢招尋。白水前盟在，黄花晚節欽。别離何限意，搔首獨沈吟。

右録拙作送王爵棠中丞詩三首，敬乞和正。

長汀江瀚初稿

釋文

傳聞雜感

一錯無從鑄九州，樓船高據海東頭。覆亡何止長城壞，鼾睡韋爲卧榻謀。如見班超臨虎穴，强教項羽割鴻溝。民心未涣天先醉，回首艱難刱業秋。

松杏當年莽戰場，雄關一下即真王。除苛頓改嬴秦法，變服新成趙武裝。只道共球來下國，更誇車馬狩岐陽。太平萬歲臻全盛，豈料而今飼犬羊。

互市黄金買禍胎，燒烟禁爲五洲

1857

陳夔龍

083

1857—1948

又名陳夔麟，字筱石，一作小石，號庸庵。生于貴州貴筑（今貴陽）。光緒進士。有《夢蕉亭雜記》《花近樓詩存》等。

傳聞雜感

一錯無從鑄九州，樓船高據海東頭。
霞上何止長城壞，軒睡寧知卧榻謀。
若見班超能虎穴，張教項羽割鴻溝。
民心未漢天先醉，回首艱難霸業秋。

松杏當年莽戰場，雄圖一下即兵王。
陳莒頓改嬴秦法，復服我成趙武裝。
只道共球來下國，更誇車馬狩岐陽。
太平萬歲臻全盛，豈料而今飼犬羊。

互市黃金買禍胎，燒烟禁爲五洲

1857

釋文

開。白門舊約倉皇定，招寶忠魂痛哭來。五十餘年多覆轍，二三臣力委荒萊。海南又棄珠厓郡，人事天心儘可哀。

魯國河山付兩生，南人歡笑北人驚。商於誑楚謀原左，甬上封吳兆已成。豆剖瓜分歸浩刦，黃龍清酒是寒盟。前星夜半增芒曜，斜倚闌干望到明。

黃閣斜封等上天，尸居虛廪大農錢。角門舊語先生誤，東市

釋文

稽誅聖主憐。傴處公然周鼎問，行成忍使鄭羊牽。庸才漫與人家國，浪博清名二十年。

時來燕雀笑鯤鵬，蕭艾芝蘭共上升。鑿空豈能追博望，救時無處覓江陵。憑誰利劍先誅佞，我意炎山早化冰。怪事傳來真咄咄，爛羊竈養盡飛騰。

俚句録塵，

方家指正。事出傳聞，羌無實際，不足爲外人道也。

陳夔龍甫藁

释文

休怕玉梅寒。萬刼冰霜了不關。來向花天騎彩蝶，翩翩。一笑人間歲又殘。

薄酒更醺然。明日今朝是去年。底事小桃猶未醒，懨懨。春到紅樓第幾闌。

南鄉子詞和

湘姊元韻　鬘天舊掃花童

1858

084

易順鼎

1858—1920

字實甫，又字中碩，號哭盦。湖南龍陽（今漢壽）人。詩人。有《琴志樓編年詩集》等。

今借到
新泰厚寶號　銀五百兩正言明
每月分行息准期本年冬月底
本利如數歸還不誤此據
光緒二十九年六月　二十五日
易實甫親筆

釋文

今借到

新泰厚寶號　　銀五百兩正，言明

每月　分行息，准期本年冬月底，

本利如數歸還不誤。此據。

光緒二十九年六月　　二十五日

易實甫親筆

釋文

紹賢仁兄：小婢累
尊府，銘感五中，正擬
函謝，乃承
手書垂問，並代賃室，
感何可言。此間得一平
常屋已遷，因期限迫也。
然長崎風景既佳，既
南山有佳宅，僕擬遲
數日來遊卜宅，並謁
左右快談。敬問
萬福。有爲頓首
正月二十二日

1858

085

康有爲

1858—1927

字廣廈，號長素、更甡。廣東南海（今佛山）人。
光緒進士。近代思想家、維新派領袖。
著有《新學僞經考》等。今輯有《康有爲全集》等。

紹賢仁兄 小弟累
蒙府駕蒞寓中 正值
西謝 乃承
手書敬閱並代賀宸
箋何可言 此間每一年
常居已遷 因朝夕追之
於長崎 風景既佳 況
南山有佳宅 倘能遂
他日來遊 卜宅並謁
左右 快談敬問
著福
弟　　頓首
正月二十二日

1927

釋文

仲湑仁兄大人足下：前讀

手示并憬老函，感謝之至。日來弟已遣人返舊居，搬

回書畫各箧，幸無大損失。尊賜便面一一保存。經已月餘，真意想不到。

實緣弟向乏蓄積，故兵盜均不入看，此則貧士

所獨有也。惟書麓凌亂，文房非一時能撿出。諸友爲

弟新刻數印，呈上拓本。敬上小石一方，特求

撥冗賜鐫『翦淞閣』朱文三字。或加一『印』字此石雖不佳，爲弟所愛，故

不欲易以他石耳。又附呈舊印二方，一玉一石。希

哂存，匪敢言酬。專此拜託，敬頌

大安。容面謝一切。　弟飛聲頓首　廿一日

鈐印

（白）歸盦

1858

086

潘飛聲

1858—1934

字蘭史，號劍士，廣東番禺（今廣州）人。

近代詩人。

著有《説劍堂詩集》等。

仲琚仁兄大人足下 前誤
寄示并保之玉斵諭之正 日來未已遂入返舊居 擬
回書也而篋筆無大損失 寺鉤使回一 惟二月望保存定忘報不列
寅緣未同之書 積如兵燹均不入舊此紛契士
所獨者之堆書麓淩亂文房亦一時難撿出諸友為
索新刻數方呈上三拓本寄上小石一方特求 或加一印字
模瓦鉤鏤篇淞閣半文三字此石雖不佳為未所愛如
不及易以他石耳 又附呈舊印二方一石一玉 希
哂存 遜敘六嘉寺華拓沈森覆
韋利涉等造彌陀像在河南龍門最高處
大著容面詢得來示即覆
拓本極不易得觀風此山者見駐鄭固劉熊碑
弟年頓首

釋文

彥升先生大人閣下：頃奉
手示，敬悉一切。
慰誨殷殷，感忻何已。法人有事，尚不至波及朝
鮮。此間尚極平安。南升商船中秋前後仍
將東渡，務乞
不棄葑菲，
惠臨指教，以開茅塞。空盼

1859

087

袁世凱

1859—1916

字慰庭，又作慰亭，號容庵。

河南項城人。

北洋軍閥首領，北洋政府總統。今輯有《袁世凱全集》。

彦竹先生大人閣下頃奉
手示敬悉一切
感激之感忻何已法人者尊尚不足復尺觀
歸此向尚極平安南竹高船中秋前後從
將東渡務乞
不棄葑菲
惠賜指教一開茅塞是盼

錦潤

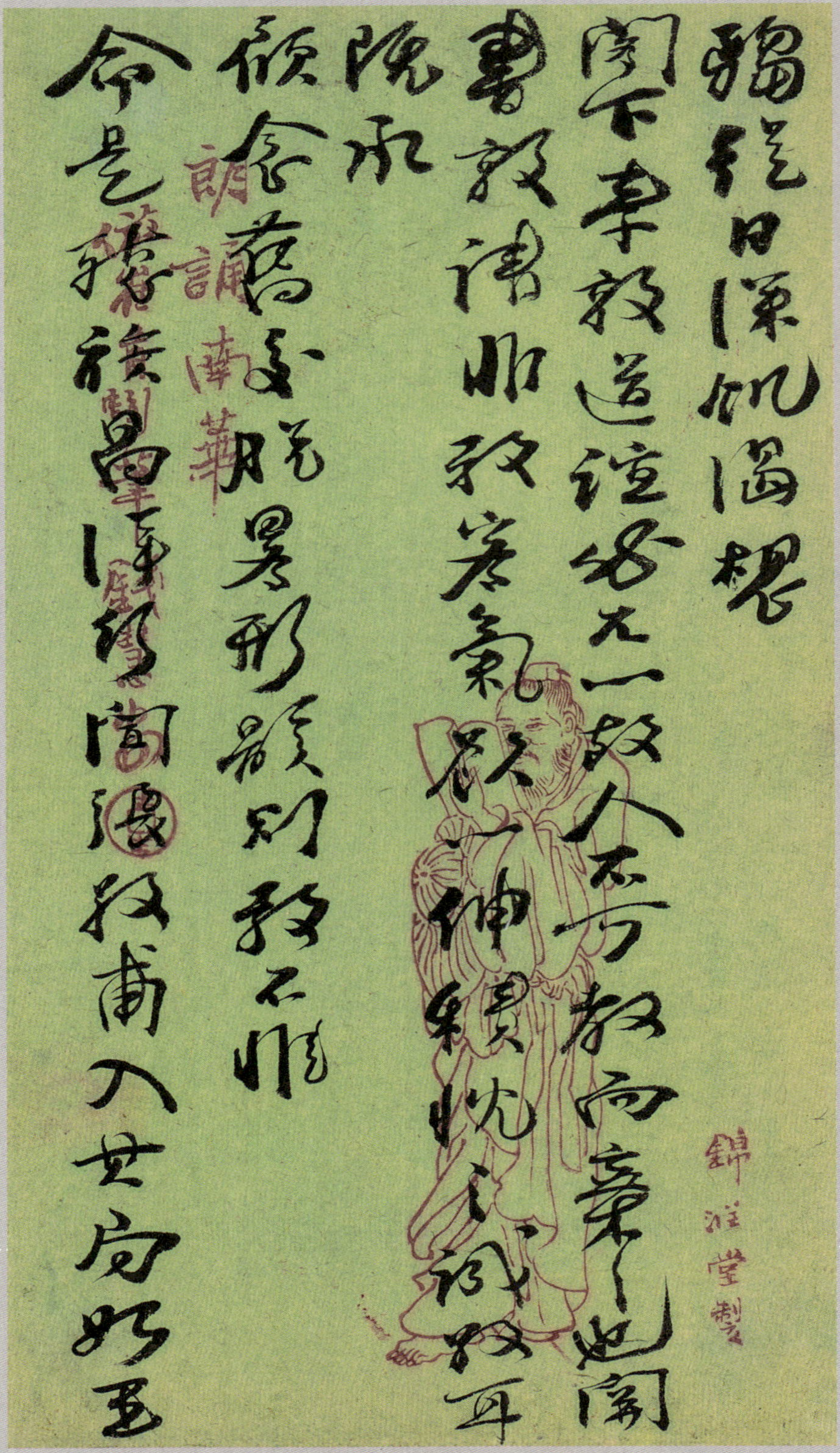

釋文

騶從，日深飢渴，想
閣下素敦道誼，必不以故人不可教而棄之也。閔
書敦請，非敢客氣，欲以伸積忱之誠敬耳。
既承
顧念舊交，脱略形骸，則敢不惟
命是聽。旗昌洋行聞張敬甫入其局，如王

1859

釋文

心如處或有歧誤，即乞向張敬甫措用川資，尤爲妥便。心緒萬千，不盡欲言。惟盼早臨，暢叙夙懷，幸甚幸甚。肅此，敬請道安。 教小弟凱頓首

季直、曼君、怡菴均在何處，念甚。

釋文

季端仁兄同年大人閣下：頃奉
手示，祗悉。銀票如數收到，當遵
命轉交經仲同年也。此復，敬請
開安。年弟盛鐸頓首 十五日

1859

李盛鐸

088

1859—1935

字嶬樵、椒微，號木齋。
江西德化（今九江）人。藏書家。
編有《木犀軒藏宋本書目》等。

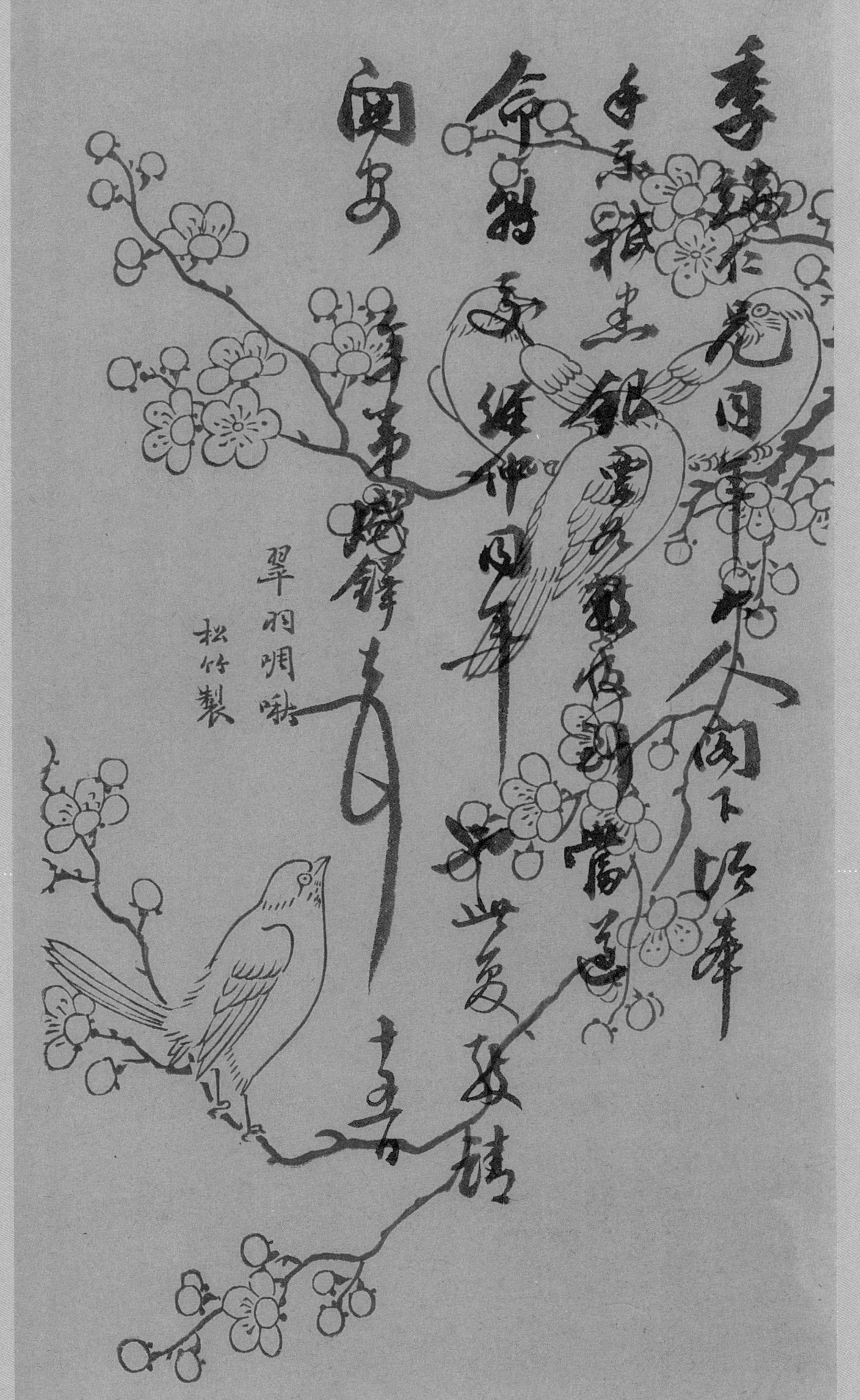

1935

釋文

哭羊辛楣　越縵老人作

忽報灘江怪鵬來，廿年交契促泉臺。平生精爽猶期夢，遠道音書孰手開。一曙星終成語讖，雙條脫已殉釘灰。今年三月，君來書言去年得一女，曙後一星，慰情勝無。又言姬人屢欲入道。姬甯氏，名華。蒼梧淚點知何限，苴杖無人更可哀。

每歎斯才老瘴鄉，橫山塞畔幾回翔。甫離鬼窟酬杯珓，又入蛇山履劍鋩。五馬飾終成

鈐印

小墨墨耳（朱）

1860

089

王繼香

1860—1925

字子獻，號止軒，又號醉顛。

浙江會稽（今紹興）人。

善金石、篆刻。有《醉盦詞》等行世。

哭羊羊桶　越缦老人作

忽報瀛江怪鵬東廿年文契僅虛平生精爽語期樹邊道書飢年開贈星殘成語識異條脫已鋼鏦灰着殷跬眼箕杖無依立齊襄無穎愁才奇癖鄉横山塞畔魂回鞠甫難鬼窟跳杯踐又入蛇山履劍鑑五馬錦絡成

1925

释文

底用，一棺戢影太蒼黄。何戡已死琴尊斷，楚些無人酹桂漿。

邸鈔傳禔龕噩耗後，次日黄巡兵以余五月间侘埘書件見還，泫然復賦四十字：

寂寞魚緘返，相看似夢中。九原無路達，萬事付書空。桂管傳哀鴂，燕臺有斷鴻。猶期靈爽在，歸路見詩筒。時將以所寄物付其家。

鈐印

獻子（朱）

底用一枝箴影太蒼黄何戡已歎琴尊
對楚些無人酹桂漿
郵鈔傳禔盦噩耗後次日黄巡兵以余
胥間佩帶件見還注於復眭四十字
寂寞魚緘返相看似夢中九原無路達蒿
里付書空桂菝付哀鴻莫壓有對鳴猩
期雲無在歸路見詩筒
時將形寄
物付其家

釋文

仲甫仁兄同年大人執事：電音往復，欣
慰至深。閲報敬悉
台從吉抵鄂垣，遥想
茀禄增崇，
藎猷益焕，
疆符即晋，豫頌良殷。弟猥以鳩拙，謬
副烏臺，職在進言，罔知攸措。比年
以來，外侮内憂，時局日亟，幾如一部

1861

朱益藩

090

1861—1937

字艾卿，號定園。
江西萍鄉蓮花人。
書法家，光緒進士。

釋文

十七史，不知從何處説起。

老同年智周中外，其將何以教之？各省庫儲支絀，有如一邱之貉，司旬宣者，幾於束手。鄂中局面雖較宏闊，然承文襄之後，頗聞財政一部頭緒亂紛，清釐不易，盤根錯節，乃別利器，

廟堂所以倚畀

釋文

燊材，庶其在此。側耳
新猷，無任企祝。舍姪毓麒以知縣需次
漢水將及十年，材質駑下，惟心地
厚實，做事尚不草率，敬懇
隨事訓迪，不勝感幸。目疾初愈，語不
周謹，餘容續陳。泐此敬賀
任喜。祇請
勛安。不既。

年小弟朱益藩頓首

1861

釋文

敬再啓者：舍親姚太守廷棟才識通
敏，政學均優，需次敝省有年，各當道
頗爲垂青。柯遜菴前輩尤所賞異，
慫恿其咨調來鄂。
莘帥愛才若渴，事當可行，尚乞
不吝齒芬，隨時玉成。姚君屢充要差，向無
貽誤，不至爲羊公之鶴也。此懇，再請
勛安。弟藩再頓首

1937

釋文

鴻卿仁兄大人閣下：前由戈什帶去

轉寄嘉定各物，想已

詧收轉給。比想

升祺曼福，

履祉增嘉，允孚臆祝。兹有懇者，

粵中夏布素無印花，兹由捎

1862

091

楊士琦

1862—1918

字杏城，安徽泗州（今江蘇盱眙）人。

光緒舉人。

鴻卿賢兄大人閣下：前由戈什帶去
轉寄嘉定古物，想已
察收。轉給收條，
并祈昜福
履祉增嘉。文字腠祝[illegible]古總者
閏中夜弟李[illegible]即處[illegible]由揭

釋文

差帶上白夏布四丈，奉託代印白屜藍花。附去布樣一塊，照此式樣，花樣不拘。瑣瑣奉瀆。該價若干，請俟布印好後開給發票交下，以便滙交少珊不誤。佑三公子廿一到滬，迄無來粵

1862

消息不知何故手此布達敬頌
升安
愚弟楊士琦頓首

釋文

消息，不知何故。手此布達，敬頌
升安。 愚弟楊士琦頓首

1918

星如吾兄有道左右：回湘半載，飽讀新聞。五月初三日
早車回蘇，車中見菊生同年，一呼而别。在蘇即通信，
并屬問訊起居。頃得菊生同年回函，知承
昨已復，玻璃未到，難免
垂念，甚感甚感。《四部叢刊目録》何時排定？《説文解字》既
無變動，故未列入。（張元濟批注。——編者）世德堂本太習見，擬用云云，即
已向日本借印，何以仍用平津館列名？《荀子》苟無善本，何
待覓善本之意。（張元濟批注。——編者）
不向瞿氏借用纂圖互注本？《三禮》弟原欲用三本，《周禮》
用岳本，徐本訛奪甚多，故士禮居重刻
多用他本校改，且縮小其板式。《儀禮》用徐本，去年寄
滬館。《禮記》
未得沅之許可，故未列入。元濟附注
用阮本，問傅沅叔
同年。今猶概稱宋相臺本，則板本一律既

葉德輝

092

1864—1927

字奐彬，號郎園。湖南湘潭人。

學者、藏書家。

光緒進士。有《郎園叢書》。

星如吾兄有道左右回湘來郵絶讀新聞五月初三日

早來回蘇車中兄菊生同年一呼而別在蘇印通信

并屬問訊 起居頃得菊生同年回函知承

垂念至感ヽ 四部叢刊目錄何時排定說文解字既作已復改從宋刊影宋

已向日本借印何以仍用平津館列名 荀子荀無善本何 士禮居舊刻板未列入 世德堂本太劣兄擬用台州本

待覺義齋之意

不向瞿氏借用纂圖互注本 三禮弟原欲用三本周禮

用岳本 徐本訛奪甚多故士禮居重刻多用他本校改且係小其板式 儀禮用徐本 去年寄滬館禮記

未得阮之説 阿傳阮板未列入 乃附注

用阮本特同年 公猶概称宋相臺本則板本一律既

集漢揚宛碑字 嘉德堂造箋

不新奇，人云亦云，漫無決别，非弟去取之意也。序例已言之。往年島田幹代岩崎氏買陸氏皕宋樓藏書，别作《皕宋樓藏書源流考》，稱所藏《説文》爲北宋汴刻，以爲全分書中此爲弟一。今幸借得，弟方主張印大小二分，大者入《續古逸叢書》，小者入《四部叢刊》，爲小學留此不傳種子。今又用平津館本，則未知意之所在矣。前致菊生同年函未問及，故再詢明，乞示知爲盼。此頌《韓非子》有明周孔教刻大字本，託傳沅叔訪之。此本甲寅在京猶見二部，因天地頭太短，棄之。著安。弟葉德輝頓首　庚申五月初七日不新奇，人云亦云，漫無決別，非弟去取之意也。序例已往言之。

年島田翰代岩崎氏買陸氏皕宋樓藏書，別作《皕宋樓藏書源流考》，稱此藏《說文》爲北宋所刻，以爲全分書中此爲第一。今幸借得，弟方主張印大小二分，大者入《續古逸叢書》，小者入《四部叢刊》，爲小學留此不傳種子。今又用平津館本，則未知意之所在矣。前改菊生同年，此未同改，故再詢明之，未知爲盼。此頌

著安

此本甲寅在京於見二部，因天地頭太短棄之。韓非子有明周孔教刻大字本，託傅沅叔訪之。

弟葉德輝頓首

庚申五月初七日

集漢楊統碑字葉氏嘉德堂造箋

張次珊參政，江夏詞人也。素未謀面，僅聞聲相知而已。昨今兩日親來，堅邀偕彊叟同移至彼庽，三元巷。前云中和里，乃記誤耳。今日三人同游山，此亦甚樂。詩性嗜野趣，此尤十年塵囂中所罕遘，遂亦未便固辭。今日移庽、游山二事甚忙，明日再詣謁。此上

北山先生函丈　門下士詩頓首　初五早

1864

陳詩

093

1864—1943

字子言，號鶴柴，安徽廬江人。詩人。著有《尊瓠室詩話》等。

張次珊參政（江夏詞人也）素未謀面僅聞聲相知而已昨今兩日親來堅邀偕彊叟同移至彼寓（三元菴前在中和里內記謀事）今日三人同游山此亦甚善賦詩性嗜野趣此尤十年塵叢中所罕遘遂亦未便固辭今日移寓游山二事甚忙明日再詣謁此上

北山先生函丈

閣下士詒頓首 初五早

釋文

伯臧仁兄有道：違

教廿餘年，浮雲世事，都無可言，月前接誦

惠書，敬審

起居多勝，欣慰無量。

佳箑屬録拙作，極苦蹇劣，艸艸奉

覽，望

審正之。緗衡想常晤談

酬唱，定饒雅詠，能

1865

094 楊鍾羲

1865—1940

字子勤，號梓勵，又號雪橋。奉天遼陽（今遼寧遼陽）人。學者。著有《雪橋詩話》等。

伯鹹仁兄有道達

教廿餘年浮雲世事都無可言月前接誦

惠書敬審

起居多勝欣慰無量

佳篇屬錄拙作祇若塞責艸艸奉

覽望

審正之　緗衡想常晤談

酬唱定饒雅詠能

1940

垂示一二否？弟自癸亥旋里，倏又十年，朋舊凋零，往還絶少。每念景桓樓畔，勝友如雲，明月清歌，恍如隔世。白門残照，略無足道，琴從所過，猶復憶及鄙人。三復詩章，謹當什襲。敬頌台安。諸惟愛炤。弟義頓首　仲冬二日

秉丞一二兄 弟自癸亥旋里後又十年兩舊凋零往還絶少無念景桓樓畔勝友如雲明月清歡恍如隔世白門殘照歐音是道琴語所過猶復懷及郡人二復詩章讀當什襲數珍諸惟台安

賁然弟蔓 頓首

仲冬二日

1940

仲魯尊兄大人左右：壽文格式蒙費神檢排，謝謝。　鴻章不日交卷，益深忭感。再，弟刻下招股石印《昭昧詹言》一書，書凡四冊，係方植之東樹所著，傳本甚稀。（方存之曾一刻於桐城，而未刊刷。）弟以其持論精微，發前人未發之覆，又正法眼藏，多本惜抱翁緒論，開示後學，勝讀百部詩話。現擬每股廿五金，刻成每股奉繳八十部，爲利不厚，但求一二同志樂廣其傳而已，固不專爲獲利計也。招成已有六股，尚擬更招九股，祈　台端招集同志湊入數股爲荷。湊成時，年前彙交幼銑帶往敝處可也。昭卿處亦有入股之説，祈便中問之爲幸。此佈，即頌

撰安。

小弟恩紱頓首

如有願入股者，務於明年正月底將款交齊，或交幼銑，或交天津寶森堂代收，均可。過期則無庸議。又，此書擬用魏碑字體，板心小而天地大，取其雅觀。

095

賈恩紱

1865—1948

字佩卿，河北鹽山人。

教育家、方志學家。

編纂有《鹽山志》等。

付鲁盦之丈人左右：如为文楷式欤

费神，极拟谢谢。鸿年不日至虞，益深忭下

感再审刻不胜股（昭石卯昧），奉主一书之见回信，方植之

东树所著传本甚稀（于桐城方存之一刻，亦未刊刷），以其材论精渊丛

前人未发，发覆又足以明，藏之者搜抱叙述，湖北学勝

读古新订话题，每股廿五元，刻成每股奉缴八十新币，不

求任求一二同志乐为其传而已，图不易为获利计也。拟成已有

六师尚拟更招九股，对

台端拟集同志凑入数股为荷。凑

国旧年存案孟多钱第，经湘孟再士昭、卿孟再（以吕）入股，亡讫，补便中

向之为学此佛如好。如有欲入股者，务于明年正月底将款寄

或寄弟钱或寄天津寅森章代收，均可。逾期

则无庸议。又此书拟用影印字体，版心小而天地大，取其雅观

撰安　小木恩法　手

1948

慎之先生左右：頃奉
手教，並頒來
尊刻《湖北先正遺書》一百八十冊，當即檢收
無誤。節関至窘，稍遲容依預約價送
上。經毒之説，二十餘年前得之傳聞，謂
係大隈氏所言中國有三毒，謂科舉
毒、五經毒、三綱毒。留學彼邦者頗信其説。
爾時雜誌有名《浙江潮》者似曾載之，確非

096

孫雄

1866—1935

原名同康，字師鄭，號鑄翁，又號鄭齋。
江蘇昭文（今常熟）人。
藏書家、文學家。著有《師鄭堂駢文》等。

慎之先生左右：頃奉

手教，並頒來

尊刻湖北先正遺書一百八十册，當即檢收

無誤。節閱至寫稍遲，容依預約價送

上。經毒之說，二十餘年前得之傳聞，謂

係大隈氏所言，中國有三毒，謂科舉

毒、五經毒、三綱毒，留學彼邦者頗信其說。

尔時襍誌有名浙江潮者，似曾載之，確否

詩史閣

1935

出於臆造。吾
兄所言彼之謀我初不必藉經毒之説，自是
確論，二十年來廢經之效大略可覩，實由
主持教育者不知本計。所謂物必自腐而
後蟲生，即使果有此説，亦當自責也。拙文
不足道，既承誨正，他日付印時，或再版擬從刪
削。匆復，即叩
台安。　小弟孫雄頓首　八月初十
令兄處乞代致謝。

出於臆造者

兄所言彼之謀我，爲不必以藉經毒之說，自是之確論，二十年來，廢經之效大昭，可覩實由主持教育者不知本計，所謂物必自腐而後蟲生，即使果有此說，亦當自責也。拙文不足道，既承誨正，他日付印（或再版）時，擬從刪削。匆匆即叩

文安

弟頓首 迅

八月初十

令兄處乞代致謝

釋文

恒弟如握：得

臻和齋藏（朱）

手書，已悉。承

惠拓本、花旗，謝謝。

來書滿紙呼冤，閱之啞然。《安樂王誌》顧鼎梅

已寄到精拓二紙，可毋容互换。易泉事，永平、

皇祐與元始價相當，而論難得，則二泉遠過于 此二泉本不欲易與他人，重違授公意，故勉徇其請。

元始。且元始非兄所欲得，前以是請者，乃隨意取

寒香曉雨（朱）

鈐印

1866

097

羅振玉

1866—1940

字叔藴，一字叔言，號雪堂。

浙江上虞（今紹興市上虞區）人。

金石學家、古文字學家。有《殷虚書契考釋》等。

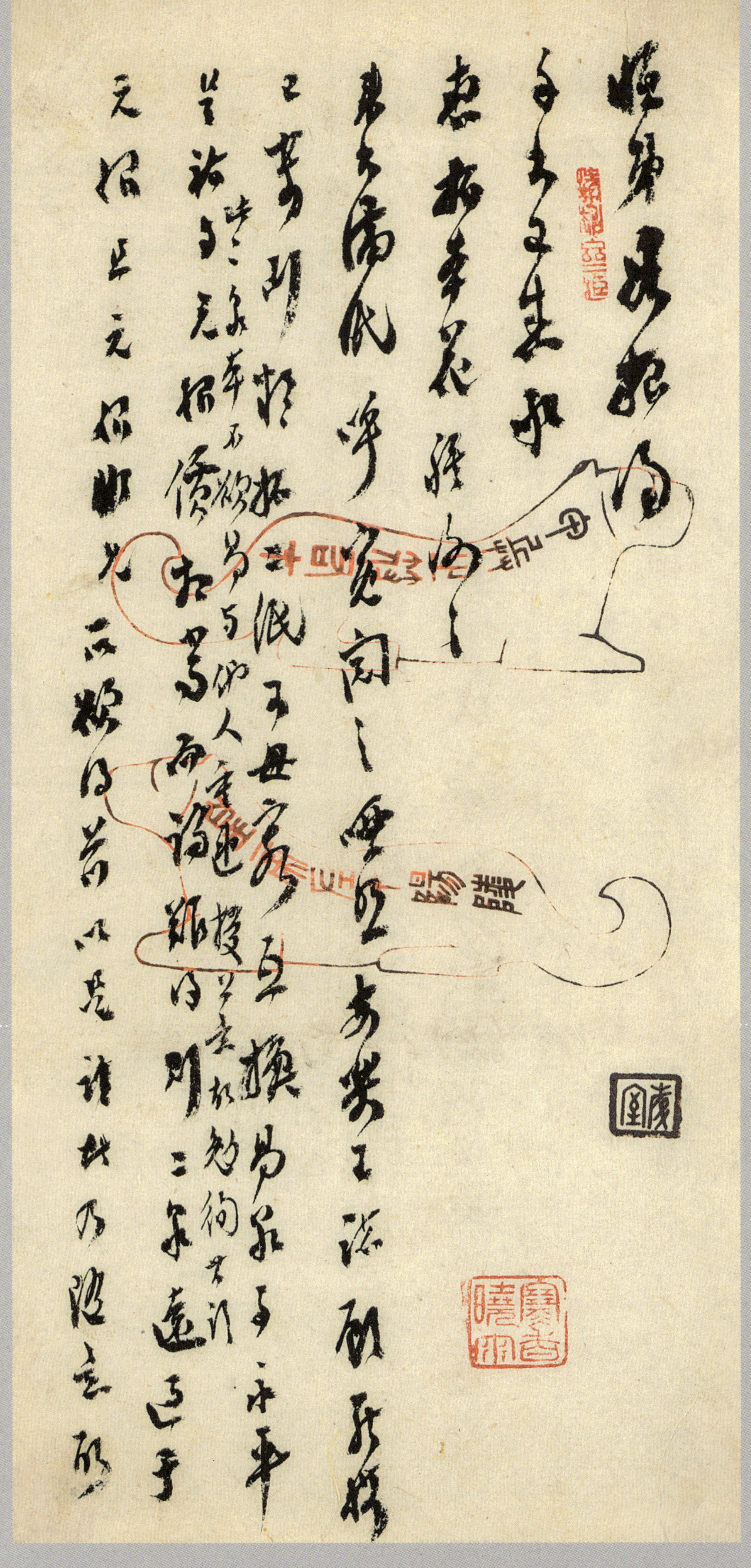

1940

釋文

一物，以了此博易耳。太夏真興久奉告，以不能讓人，請告授公，於累次之信可知也（前兩次信皆云以赫連泉館之名，故不能讓人）。授公函來，而兄先已有函往。若照兄前函辦理，兄不食言，但不能再改易吾說以徇人也。現擬赴滬養病，《儞廬日札》返東後乃能屬草。滬上無書，且所以至滬，專爲與書避面。胃疾伏案非所宜，見書則不能相親，故赴滬養病，專爲遠書也。此次所寄

臻和齋藏（朱）

曉雨（朱）

鈐印

1866

釋文

古劍乃臻和齋藏（朱）

弟近得否？價幾何？此復，即頌

旅安。　兄功玉再拜　廿六日

此書乞送　授公一看。怕伏案，渠來書隨後再復。易

泉事已詳前函矣。方藥雨亦欲得永平等泉。

原書奉

覽。

香書軒收藏印（朱）

寒香曉雨（朱）

鈐印

釋文

智潛三弟親家大人侍史：別吾
叔度，倏經四載，相思相望，結念
爲勞。伏承
上侍清娱，
興居安善，甚休甚休。本月十一日爲
家嚴七十壽辰，荷蒙

楊復

098

1866—1945

字劍星，又作見心。浙江杭州人。

藏書家。曾編《浙江藏書樓甲編書目》等。

智潛三弟親家大人侍史：別吾州度，倏經四載，相思相望，結念為勞。伏承

上侍清娛，興居安善，甚慰甚慰。本月十一日為

家嚴七十壽辰，荷蒙

1945

釋文

姻伯大人隆情厚貺，遠道寄將，未敢
固辭，敬對使拜嘉，感銘心版。
家嚴自先祖母殉難後，此身不敢
言壽，是以屆期並未舉行，唯至親
好友十餘人便章惠臨，家常一麪
而已。舍弟以部務羈身，亦未請假來

1866

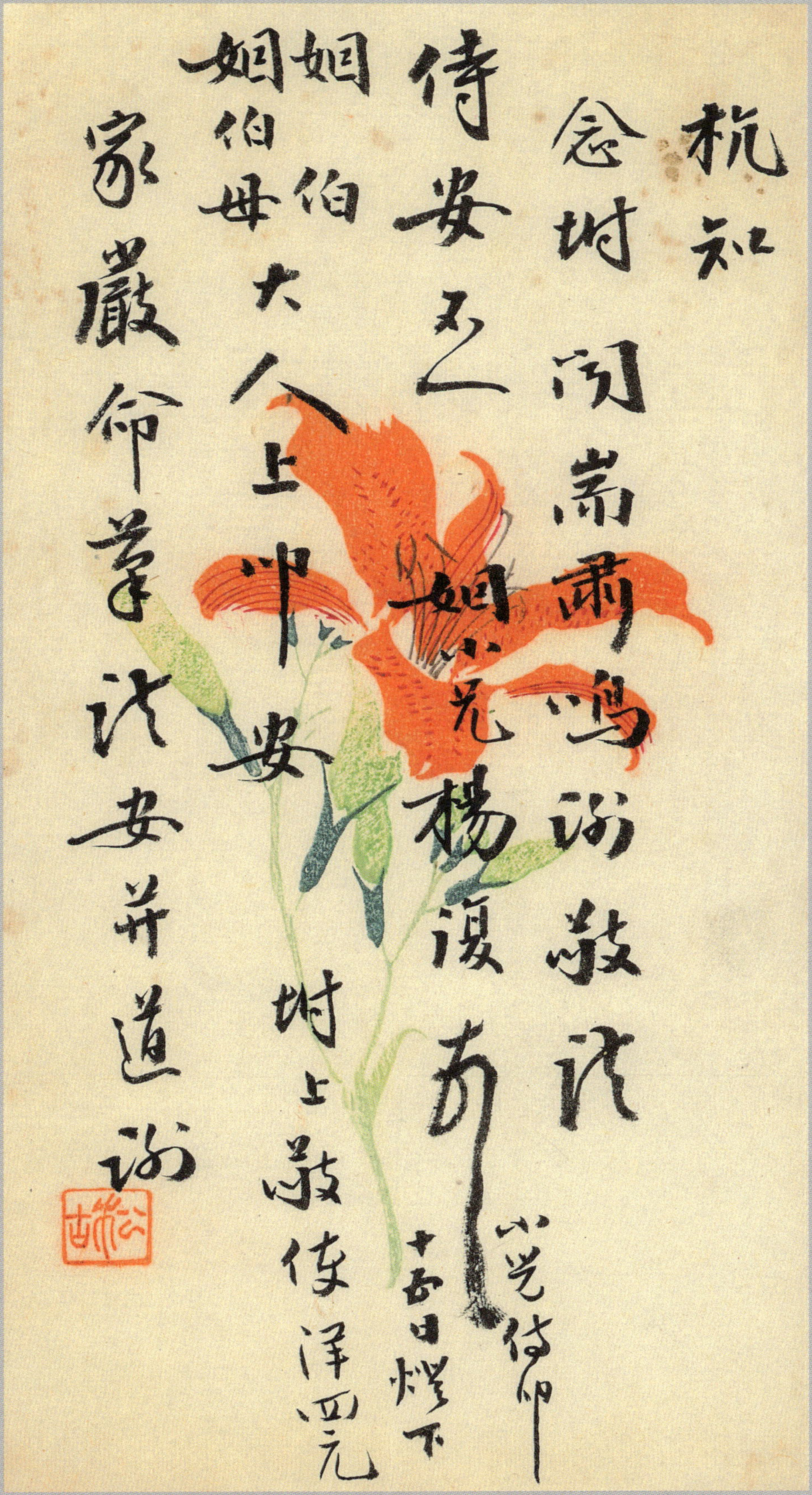

释文

杭。知

念坿聞。崙肅鳴謝，敬請

侍安。不一。　姻小兄楊復頓首

小兒侍叩。

十五日燈下

坿上敬使洋四元

姻伯

姻伯母大人上叩安。

家嚴命筆請安并道謝。

釋文

前日造謁，未獲暢談。承　示元刻《遼史》，似較敝館所藏爲勝。茲倩丁君英桂携帶全部晉謁，乞　檢示一校。竊再有不情之請，弟擬乞借至廣中詳細一看。倘蒙慨允，乞　交丁君携下。冒昧瀆請，無任主臣。敬請良士仁兄大人台安。　弟張元濟拜啓　二十年三月十七日

諸位世兄均安。

1867

張元濟

099

1867—1959

字筱齋，號菊生。浙江海鹽人。
出版家、教育家。
著有《校史隨筆》等。

前日造謁未獲暢談承 示元刻遼史似較敝館所藏為勝茲倩丁君 英桂 携帶介紹晉謁乞 檢出一校當再有不情之請 即 擬乞借至廠中詳細一校倘蒙慨允乞 交丁君 携下冒昧瀆請無任主臣敬請

良士仁兄大人台安

弟 張元濟拜啟

十年三月十六

許信世兄均安

商務印書館緘事

1959

釋文

彦復長兄足下：康由漢抵京，方欲致書一詢近狀，驚聞公有西河之痛。嗟乎！彼蒼何酷，待吾輩至於斯極耶！遐邇聞知，同深哀感，而僕三世交情，尤覺悲不可仰。連日惝怳，若有所忘，今

1868

丁惠康

100

1868—1909

字叔雅，號惺庵。廣東豐順人。

關心時事，積極參與維新。

與吴保初、譚嗣同、陳三立合稱“四公子”。

彥復長兄足下言由滬撫寄方硯致
書一函並收驚聞
另有西河之痛嗟乎彼蒼何
酷待吾輩至於斯極耶遐邇
聞知同深哀感而僕三世交情大兄
悲不可抑連日胸中悒悒如有所忘今

釋文

日始勉强作書，欲爲
公減抑哀情，然將從何處説起？
掞東又云，
公咯血復發，萬宜節哀，一慰死者
之孝思。僕因不敢强以不情之語進
也。歲事闌珊，一燈慘緑，楚囚相對，

1868

釋文

悲何待言。萬乞依地山辦法，令
如君暫行移出外舍，一省憂思。心
驚膽戰，不知所語。萬乞
鑒之。　弟康頓首　臘月朔

釋文

大嫂大人侍者：不通音問，又將一年。未知吾嫂起居得無恙，諸姪輩均過得好否？讀書能有長進否？家用尚不至匱絶否？每詢京中來人，多不能知其要領。弟自與大哥别後，幽明頓隔，每一念及，悲慨填膺，追亡慮存，百感交集，不知涕泗之何從也。年來家運迍邅，今春殤一乳子，近者又夭一姪，而年歲頻荒歉，所獲區區，入不敷出。

1869

101

吴保初

1869—1913

字彦復，號君遂，晚號癭翁。

安徽廬江人。

工詩文。著有《北山樓集》等。

大嫂大人侍者：不通音問又將一年，未知吾嫂起居何意，諸姪輩均適何好否，讀書亦有長進否，家用尚不至匱乏否。每詢京中來人，每不能悉知念念。安頓弟自別太嫂家後出以相隔，每一念及，悲慨填膺。追近處存否哉？又集不知隔洄洄何似也。年來家運迍邅，今春添一孫子，近日又夭一姪，而年歲漸衰，歎所獲遞遞入不敷出。

1913

釋文

食指日衆，良難支持，故未能源源接濟，前言竟未
克踐，慚恨何如。今始思得一法，將弟向所存欵千
金，託張季直殿撰爲吾嫂附購通州大生紗廠
股票一帋，息摺一扣。紗廠爲張季直所刱辦，每股百金，今作十股。官利常年八釐，餘利
常年約一分二三不等。每歲利息約可得弍百金，由張處逕
寄京師，以濟日用，不無小補。已與季直言明，自癸卯正月一日起息。股票
暫存弟處，息摺現存張處，俟便入都，再面交吾

1869

釋文

嫂存執。我殯之義，自愧未能，而區區之心，于焉稍盡。願吾嫂賜納，并鑒其誠。

弟保初頓首

二嫂暨姪輩均安好。

十二月三日

猶碣

釋文

溥泉老弟左右：音問闊疏，已近一歲，亦不知弟之行止也。今歲痰喘内攻，不復如往時伉健。遷居吴下，所謂飾巾待盡而已。宅後更有餘地，欲起小屋，乃被吴縣建設局靳不給照，蓋以此地須有民治路經過也。其實吴中榦路所謂三横四豎者，大半未就。此二支路亦不知何時動工，而必

1869

102

章炳麟

1869—1936

初名學乘，字枚叔，後改名絳，學名炳麟，號太炎。浙江餘杭（今杭州餘杭區）人。革命家、思想家、學者。著有《國學概論》等。今輯有《章太炎全集》。

溥泉老弟左右書問闊疏已近一歲矣不知弟之行止也今歲痰喘內攻不復如往時之健還居吳下所謂飾巾待盡而已宅北更有餘地欲起小屋乃被吳縣建設局靳不給照蓋以此地須有民治路經過也其實吳中餘路所謂三橫四直者大半未就此之支路亦不知何時動工而必

1936

豫爲閉拒，亦可哂矣。交涉數次，終無圓滿答覆。正如故李將軍遇霸陵醉尉時也，夫復何言。憤極，聊以示弟耳。順問起居。不復覼縷。麟白

十一月十七日

豫為閑拒亦可哂矣交涉數次終無圓
滿答覆正如故李將軍過霸陵醉尉
呵也亦復何言憤極聊以示弟耳順問
起居不復覼縷

麟白

十一月十七日

秋思詞四闋念嬌奴并序

燈昏欲蕊，凉雨報秋，萬竅調匀，欝爲寒籟。《淮南》云『木葉落，長年怨』，不其然乎？矧甘泉烽火，中原多故，沙蟲猿鶴，渺焉流離，怨或同之，緒乃萬族。故賦則恨别不同，風則雄雌有别。爰仿《秋興八首》之旨，補《離騷》《九辯》之遺，願奏商聲，歌以代泣。

凉飔迎節，正宫庭向晚，飄英如雪。賜娉天錢曾却扇，依舊團欒明月。十八笳聲，郎當鈴語，迸入湘靈瑟。網絲生鏡，夜深慵照顏色。　聞道王母環空，麻姑鞭碎，真箇神仙謫。憔

鈐印

雙橋詅舸（白）

1872

103

章華

1872—1930

字曼仙，號歗蘇。湖南長沙人。

光緒進士。

著有《淡月平芳館詞》等。

秋思詞四闋 念橋奴 并序

燈昏敲盡疏雨，恨秋蟲寂凋，力觸為寒籟。淮南云：木葉落，長年悲。不及維揚劍，甘泉烽火，中原多故，沙蟲猿雁，沙馬流離，愁感同之。繼乃萬族姓氏，則恨別名同風，則雌雄有別。爰仿秋興八首之旨，補離騷九辯之遺，既賡前轍，歌以代泣。

疏颸迎節，正宮庭向晚，飄英紅雪。鵑聘天錢，曾扉扇依舊園窠。明月十六，笳聲郎當，鈴語遊人，湘霧縈網，綠生鏡深庭塘無顏色。聞道王母環點，麻姑鞭碎，古簡神仙謫墮

悴荃蓀香夢斷，莫訝岐花飄泊。檢點啼痕，商量别緒，子細題秋葉。此情誰語，玉籠鸚鵡能説。宫嬪

征鴻凄咽，又連天衰艸，重陽時節。塞外陰風吹甲帳，冷透布衾如鐵。聞道黄龍，年年罷戍，依舊關山月。寶刀抽斷，碧痕猶認凝血。　爲問上將廉頗，中原何在，一帥旗漂折。鬢染青霜身老矣，伏櫪雄心難絶。料得雞鳴，軍中起舞，孤憤輸繒帛。許多邊思，馬鳴如助寒冽。邊將

畹蘭香發，又林空日暮，長沙遷謫。莫道蘼蕪幽夢渺，只怕花時鶗鴂。香艸魂移，卷葹心死，兩地傷離别。夕陽回首，鳳城無數

悴荏蘇香夢斷　莫許憐花飄泊　拾點啼痕　商量別緒子
細聽秋葉此情誰語　玉籠鸚鵡能說　宮嬪
紅鴻遣唱　又連天衰艸重陽時節　塞外食風　吃甲帳　冷邊布
衾冰鐵　問道蒼龍年年羅戒　依舊關山月　寶刀抽斷　碧痕燈
淚凝血　為問上將麾中　原何在　一帥旗漂折　鬢染青
霜身老矣　伏櫪雄心難絕　料得雞鳴　軍中起舞　孤情豁
絕帛　許多退思　馬鳴　冰助寒冽　退將
晚蘭生甚　又林鳥日暮　長沙遊謫　莫道蘼蕪無夢　淒涼只恨花時
鷓鴣無艸　詠稿春　花心死　而地偏難　別夕陽　回首鳳城　鼓

紅了櫻桃　綠了芭蕉　壬午春　韻文製

1930

宮闕。　猶記霧豹南山，青禽西海，一簡褫妖魄。黑水沈沈千丈底，難洗眼前流血。焚表通明，秋聲化去，慘淡天無色。賞音千古，酒漿應酹騷客。放臣

明河秋闊，甚西風吹冷，金銀城闕。籙掌諸天塵慮洗，更有清愁難說。星漢槎回，蓬瀛信渺，誰覓丹砂訣。舉頭休問，桂輪多少圓缺。　從此玉宇瓊樓，乘雲歸去，高處寒偏怯。廿五湘絃宮瑟怨，一曲參差誰別。寄語姮娥，枉偷靈藥，夜夜瑤臺月。　海波如許，可憐青鳥銜石。游仙

景之詞兄拍正。　歠蘇呈稾　時乙未七夕前二日

鈐印

曼仙詩詞（白）

章式贈荅小印（朱）

1872

宫闕狂記霧豹南山青禽西海一簡禠狀既黑水沈沈千丈底難洗眠前流血楚表通明秋聲化去條渡天無色黃音千古泣罷應歸驂鸞放臣明河秋闌甘西風吹冷金銀城闕蘇掌諸天靈實洗東省清愁難洗星漢槎回蓬瀛住渺誰覓丹砂訣華頭休問桂輪多少圓缺從此玉宇瓊樓乘雲歸去高處寒偏怯廿五湘絃宮瑟怨一曲參差誰記寄語姮娥桂偏霜華應瑤甚月海波如許可憐青鳥銜石

游仙詩乙未七夕前日

昱之詞兄伯正

款蘇呈稾

釋文

鼐儕姻兄左右：前日接快遞
手書，欣悉安抵滬寓，深以
爲慰。一秋得書感動，知
君之助力不小，尤爲可喜。八女
處遲至今日始得手寫一
函，凡八紙，約近千言。剴切
深至，毫不客氣，甚冀其
閱後憬悟，庶不負老人深
宵揮翰之勞也。逆耳之言，
人多不願聞，然似此直讜
之論，舍老夫外，亦無人能道，
且於事良有益也。此函可
向其索閱，可以見余維護

1872

104

傅增湘

1872—1949

字叔和，後改字沅叔，號潤元，
自署藏園居士、雙鑑樓主人。四川江安人。
藏書家、校勘學家。著有《藏園群書題記》等。

釋文

之苦心，併可勸其與一秋
一看，使知我心如秤，不爲人
作輕重也。世亂如麻，國人
流離奔迸，破家亡身，慘苦
悲傷，不知凡幾，聞之令人心
痛。吾輩託庇於人，苟延殘
喘，得以安居飽食，既慙且
幸，更復何心爭雞蟲之得
失，騁蠻觸之戰鬥乎？奉告
世人，可以休矣。《龍藏寺碑》
能得影本一葉否？祈
代致静庵兄爲幸。此詢
雙佳。　藏園拜啓

十二月廿九日

释文

静盦仁兄大人閣下：都城
展晤，諸荷
雅誼，至爲心感。啓者在京
挪用
尊號千金，本約回瀋寄還，
刻因束裝前赴日俄邊境
遊歷，遠適異國，旅費所

1872

105

朱啓鈐

1872—1964

字桂辛，號蠖園。貴州開州（今開陽）人。

實業家、古建築學家。

著有《蠖園文存》等。

雲箋

靜參仁兄大人閣下：都城展晤，諸荷雅誼，至為心感。啟者在京挪用尊號千金，本約回滬寄還，刻因東裝前赴日俄邊境遊歷，遠適異國，旅費所

宣統　年　月　日

釋文

需自當寬爲籌備。有此急
用，是以
尊欵未能如約奉償，擬懇
緩期數月，俟弟由日本回京
再行籌繳。兹呈借約一紙，並
照七釐行息，寄請
存照。耑上，敬請
台安。　　弟朱啓鈐頓首
宣統元年六月廿七日

1872

雲箋

需自當寬為籌備有此急
用是以
尊款未能如約奉償擬懇
緩期數月俟弟由日本回京
再行籌繳茲呈借約一紙並
照七釐行息寄請
存照肅上敬請
台安
弟朱啓鈐

宣統元年六月廿七日

再懇者：弟現定廿八日起身出洋，敝眷當於七月半間旋京，賃居亮果廠，惟恐敝眷到京用度不敷，設需用欵，懇於同源銀號立一往來銀摺，隨時接濟，以千金爲度。俟弟回時，一同照繳。先此奉託，諸希垂照爲感。　弟啓鈐又頓首

敝眷到京用欵時，應由舍間轉請章一山或俟星伯兩君向尊處取摺。又及。

雲箋

再啓者弟現定廿八日起身出洋漱春當於七月半間旋京賃居亮果廠帳恐漱春到京用度不敷設需用款祈於同源銀號三一行來銀摺隨時接濟以千金為度俟弟回時一同照繳先此奉托諸希垂照爲感 弟啓鈞又啓

漱春到京時用款應由舍間轉請 章一山或俟星伯兩君向尊處取摺又及

宣統 年 月 日

釋文

示悉。公亦瀕急，甚耿耿，此兩日中尚每下愈况，不審公究能支否？燋灼無似。前承代辦各件，至感。六十餘金頃尚未便，希稍緩數日爲叩。摯一前來信云，欲仿今年四月間例，向合盛元借一千元，由滬局交彼，限一月由彼交還滬局，其利息等項則由此間支出云云。望玉成之。如何之處，即賜復。

兩渾

1873

106 梁啓超

1873—1929

字卓如，號任公，又號飲冰室主人。

廣東新會（今江門市新會區）人。學者、維新派領袖。

有《飲冰室合集》，今輯有《梁啓超全集》。

示教 益々御清勝之状 欣抃 毎日中尚無下之無沙汰

示寧 芳翰辱致支否 燼灼堂以 奇珍代籍如

佳玉成 以六十餘金 得当未便 希 稍 該 慰

日為御

向例白合陰之 蕭一寸 林 得 云 收 候 々 算 罫 畳

陰一月由彼處 遂 漉局 七利 且 芳諾 限 下 已 云 元 由 漉 局 處 彼

中子向支出 云々 書 玉朱之如何 云々 印

謝次 西溟

1929

頃奉電即復，計與昨書同達。前日方還居，明水則以今日還，一切狼藉，實難赴約。且下走一舉一動，報館咸屬耳目。忽到長崎會遠客，蜚語將百出，故惟有仍盼公等偕來耳。佛公所患，想非劇耶。若實不能行，再電招，當設法耳。

兩渾

頃奉電即復，計与昨書同達。前日方遷
居明水，則以今日遷，一切狼籍，寶雖赴約，
且下走舉二孩感居本目忽到
長崎會送字，此語將乃出，故悟有仍
盼公等偕來，佛公所患想劇。
兩善寶不計，再電於常段請下

安澤

君其愛體素

飲冰集張遷碑字
寫陶句自製箋

釋文

京皖頻年事浪游，寥寥筆底寫清秋。機絲百丈渾無緒，祇爲勞人織亂愁。由來名士比佳人，一樣秋心黯不春。會得蕭條高寄意，且從爪甲覓清塵。

孤雲仁兄屬題　先德挹珊翁《機絲夜月圖》遺畫，即希政之。癸亥十二月，馮幵。

鈐印

君木無咎（白）

1873

107 馮幵

1873—1931

原名鴻墀，字階青，又字君木，學者稱回風先生。浙江慈溪（今寧波）人。著有《回風堂詩文集》。

京皖頻年事浪游家、筆底寫清秋機絲百丈渾無緒祗爲勞人織就愁　由來名士比佳人一樣秋心黯不春會得蕭條眞寄意且從爪甲覓清荃

孤雲仁兄屬題　先德挹珊翁機絲夜月圖

遠盦即希　政之　癸亥十二月　馮幵

釋文

森玉先生左右：雲南張希魯
先生欲到　貴館及　貴院
博觀一切，請　費心飭屬特
別招待，則感同身受矣。敬候
大安。　弟高制步瀛頓首　九月廿五

1873

高步瀛

108

1873—1940

字閬仙，河北霸縣（今霸州）人。
歷史學家、教育家。光緒舉人。
有《古文辭類纂箋證》等。

森玉先生左右：雲南張希魯
先生欲到
貴館及
貴院
博覽一切，請
費心飭屬特
別招待，則感同身受矣。敬候
大安
弟高步瀛頓首
九月廿五

1940

溥兄鑒：頃得（十月廿九日）郵片，得悉弟前發二郵片及第二十五號《民報》均未收到，想不日當可入覽矣。陶成章自南洋歸，即携有在南洋爲教習者之公函，耑排斥中山一人，顛倒是非，淆亂黑白，無一事實足爲彼證者。其緣因皆以陶一人運動之。蓋陶在南洋未能運動欵項，彼皆遷怒於中山，謂中山破壞彼之策畫，使無得欵，且云中山目彼爲偵探爲保皇黨，欲使人刺殺之（其實皆陶一人之糊鬧，疑心生暗鬼也，至中山何得有此舉動）。到東後即要求本部開大會革除中山總理，此時弟暫理庶務，即將公函詳細解釋之，以冀南洋諸人之反省（中多爲所迫脅而來者，其表同情於陶者實不過數人），待南洋諸人之回答，然後開會（若能解釋，則可免此風潮，豈不甚善）。不料彼一面要求開會，一面即由

1874

黄興

109

1874—1916

原名軫，字廑午，又字克强。

湖南善化（今長沙）人。

民主革命家。今輯有《黄興集》。

滔兄鉴：昨得（十月廿九日）邮片，寺尾弟寄发二邮片及常
二十五号民报均未收到，想不日发下一览矣。陶成章自南
洋归，即扬言在南洋为表明者之不满，当排斥中山一人，
颠倒是非，淆乱黑白，无一可实，是为彼诬者甚，继因皆以
陶一人运动之，盖陶在南洋未能运动款项，彼皆迁怒
于中山，谓中山破坏彼之策画，使无得款，且云中山目彼为
侦探，为保皇党，欲使人刺杀之（其实皆陶一人之糊闹，疑心生
暗鬼也，否则中山何得有此举动）。到东后，即要求本部开大
会，革除中山总理。此时弟暂理庶务，即将公函详细解
释之，以慰南洋诸人之友者（中多为所迫胁而来者，其表
同情于陶实不过数人），待南洋诸人之回答，然后开会（若能解
释，则可免此风潮，岂不甚善）。不料彼一面要求开会，一面即由

南洋發表前公函於各埠，而隱其真名，但書爲閩浙湘鄂粵滇等在南洋之同志，其狡詐手段尤爲可鄙。彼更運動章太炎反對續出之《民報》。陶意謂《民報》專爲中山一人之利用機關，非先打消其機關不可。於是太炎有登《日華新報》《僞〈民報〉檢舉狀》之事。此等之人，不顧大局，徒快一人之私憤，誠爲敗羣之馬。兄宜致書太炎及陶成章，痛斥其謬妄，以冀其改悔。現東京無論是同盟會員及非同盟會員，均責太炎人格之卑劣，徒爲他人之利用。彼一生之名譽，亦自此掃地矣，殊爲可惜。弟非袒護中山者，準良心核事理，無論中山無此過失，即有如公函之所言，亦不得發表公言宣醜狀於團體以外，況中山無有如公函所言者。弟曾致陶書有云，爾我非滿人，何忍而出此？後此彼將不知若何而欲貫其目的乎？人無公德，孰如陶是言之痛心（陶曾於追悼徐、秋二君演説時，亦詆誹徐、秋二君，在東

明治　年　月　日

南洋發表前公函於各埠，而隱其真名，但書為閩浙湘鄂粵滇等南洋之同志，其狡詐手段尤為可鄙。彼更運動章太炎反對續出之民報，陶意謂民報專為中山一人之利用機關，非先打消其機關不可。於是太炎有登日華新報偽民報檢舉狀之事。此等之人不顧大局，徒快一人之私憤，誠為敗羣之馬。兄宜痛致書太炎及陶成章，痛斥其謬妄，以冀其改悔。現東京無論是同盟會員及非同盟會員，均責太炎人格之卑劣，徒為他人之利用，彼一生之名譽亦自此掃地矣，殊為可惜。弟非袒護中山，若準良心核之理，無論中山無此過失，即有如公函之所言，亦不得發表公言宣騰狀於團体以外，況中山無有如公函所言者。弟曾致陶書有云：以我非同人，何忍為此。此後此彼將不知若何，而欲貫其目的乎？人無可徒就，如陶者之言之痛心（陶曾於追悼徐秋二君演說時亦詆誹徐秋二君在東京之同志聞者莫不憤憤）。人專爲個人造勢力，而排擠他人，終見他人之輕視自己。吾爲陶悲，吾爲我漢族哭矣。凡言中華賤族，不知幾時可滅絶，誠然誠然。朝鮮志士安重根擊斃伊藤於哈爾實〔濱〕車棧，是時爲西厂十月廿六午前九時頃也。是日弟偕廣東黎君往日光，廿七晚回東京，在汽車中讀新聞紙，始悉此快舉。是時車中只三人（外一日人），弟與黎君歡躍數次，日人斜睨之，不知爲何。蓋彼已於昨日得知伊藤死耗，不知弟二人此時方知也。安君之爲此舉，其有利於中國不知若何程度。蓋伊藤之去滿，實與俄結密約以圖滿洲者也（主旨在新奉鐵道），今受此巨創，後繼者無人，其秘密更播諸列國，恐不能再出諸强硬手段矣。至其對韓政策，想亦無大更變，以新受列國之嫌疑，而防德美之協以圖己。假鬼面諒必戴諸異日，安得無數安重根以與此奴角耶？嗚乎，朝鮮不可謂無人矣。今將安重根之自白切拔以供一覽。二十六號亦京之同志闻者莫不愤々）人专为个人遗势力而抓摘他人终见他人之体视自己吾为陶恩吾为我江族哭矣之言中华钱族不能毅然而成绝诛戮之之 朝鲜志士安重根击毙伊藤於哈尔滨车栈是时为西历十月廿六午前九时顷也 是日弟偕广东黎君往日光廿七晚回东京在汽车中读新闻纸始知此快举 当时车中只三人（外一日人）弟与黎君欢跃数次日人斜睨之不知为何盖彼已於昨日得知伊藤死耗不知弟二人此时方知也 安君之为此举只有利於中国不知若何程度盖伊藤之去满实与俄结密约以图满洲者也（主旨在新奉铁道）今受此巨创后继者无人其秘密更播诸列国恐不能再出诸强硬手段矣 其对韩政策想亦无大变动以新受列国之嫌疑而防德美之协以图己也 面谅必戴讲异日安得无数安重根以与此奴角耶 呜呼朝鲜不可谓无人矣 今将安重根之自白切拔以供一览 二十六号又

同郵寄上。兄在暇時可能爲《民報》少寄稿否？昨接中山函，云《新世紀》以張君經濟之困乏，恐不能久，則《民報》之經濟，張君更不能擔承，以後《民報》在巴里付印之策，想成畫餅。現雖在日本秘密出版，亦是暫時敷衍，恐一旦爲日、清偵探發覺，則不可爲矣。望兄與張君熟議有何善法以救之爲盼。東京無風潮，會員諸守沉默，進步乎？退步乎？尚難判定。現弟等有一小小計畫，若成，當可資以活動，更當乞張君静江來助。至時弟當有函致張君也。餘不贅，此請

壯安。

弟興頓首

同志問好。

十一月廿晚

1874

明治　年　月　日

同郵寄上　兄左　暇時可能為民報少寄稿否　昨接中山函云
新世紀以張君經濟之困乏，恐不能久，則民報之經濟，張君更不
能擔承，以後民報在巴里付印之策想成畫餅，現雖在日本秘
密出版，亦是暫時敷衍，恐一旦為日清偵探發覺，則不可為矣。望
兄與張君熟議，有何善法以救之，為盼。東京無風潮，會員
諸守沉默，進步乎退步乎，尤難判定。現弟等有一小小計畫，若
成，當可資以活動，更當兄張君靜江來助，至時弟當有函致
張君也。餘不贅，此請
壯安
同志同好

弟興叩

十一月廿晚

釋文

仲珺學長足下：年來屢辱
賜書及精槧佳拓，曾未以報，
老嬾無可宥也。頃復蒙自方
君處轉來
大示并獨山老人印集，心感

1874

110

易孺

1874—1941

原名廷熹，字季復，號魏齋，後改名孺，號大厂。

廣東鶴山人。

篆刻家。有《大厂畫集》等。

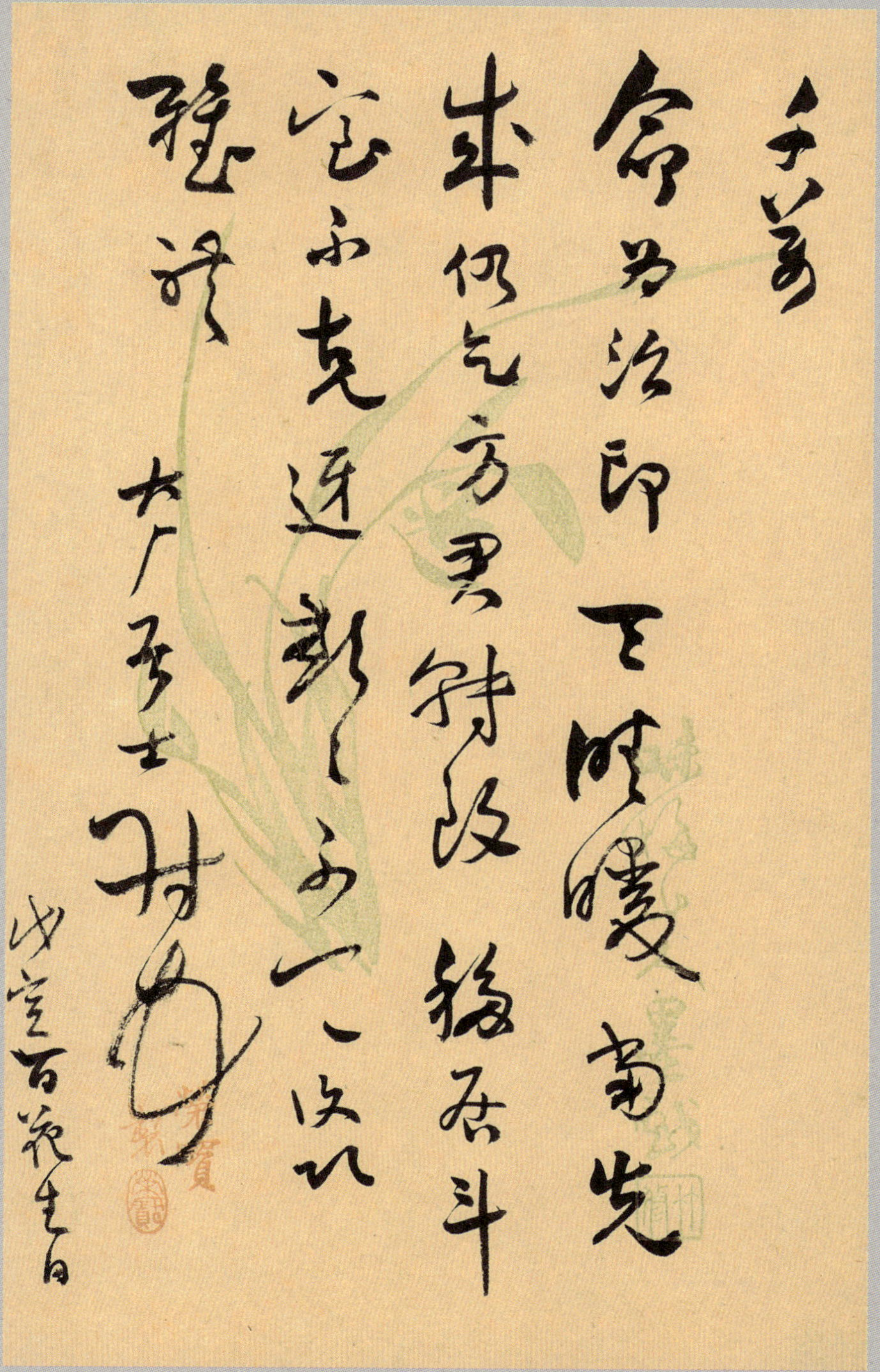

釋文

千萬。
命爲治印，天晴暖當先
成，仍乞方君轉致。移居斗
室，不克迓，歉歉。不一一。復頌
雅祺。　大厂居士孺頓首
戊寅百花生日

偉治吾兄左右：昨接拙文紅樣，當覆一書，想承詧及。拙文竟能於物力艱難中完成兩卷，亦云幸事。功已垂半，深望早日觀成，祈兄且時時敦促之。弟老矣，風燭之年，旦夕就木，未知能及身親見否也。拙文既有柱尊一序，則王鍾翰跋可以不刻。且汪君墓誌記得曾添數句，鄙意仍用原稿，可以不添，均祈與眉翁一商榷之。聞滬上生活維艱，兄等何以度日，殊以爲念。此間亦日入窘鄉，萬方一概，可歎也已。眉翁處祈爲代候，不另啓矣。手頌

著安。不一一。　　弟爾田頓首

二卷紅樣已閱過，仍寄上，祈交手民照改。此後印出者不必轉寄，即由尊處改好，逕交手民可也。

111

張爾田

1874—1945

字孟劬，號遯庵、遯庵居士。

浙江錢塘（今杭州）人。

歷史學家、詞人。著有《史微》等。

偉治吾兄左右：昨接來教並紅樣，舊發一書想荷登及。來教謂

於物力艱難中究能為之，亦云幸事，但亦望其早日觀成，所

冀兄身體之健，能之大發其風燭之年早早刊出，未知能否身親見之否。大

教文於有旌齋一序，似亦能辦，或可以太刻目錄叢書記得並擬數

向鄭君明田處購得可以交換者與眉箋一函，從之間擬二十餘種

兄亦望不吝者，錄之為念，近日入裝，萬有一批可數也。已為前書所為

代振

壽今世之

翁田手

紅豆曉霜寫柿葉

勖農　金聲伯題

1945

釋文

紫琅山色高崔巍，金沙河水
魚苗肥。誕生孝婦温且惠，誠
格威姑終齋威。古來大孝蒸
蒸乂，婦事舅姑亦同例。天神
默感矧護親，盲目重光撥雲
翳。四十先凋擾病魔，威姑老
淚灑滂沱。表阡令子師歐九，
歷劫賢名永不磨。

辛未長至前一日，大雪盈尺，
師鄭先生見示
南通孫母曹太君孝行事略，敬成
一章。　江寧夏仁虎拜題

鈐印

香書軒收藏印（朱）
臻和齋藏（朱）
夏仁虎印（白）
歗盦制詞（白）
寒香曉雨（朱）

1874

112

夏仁虎

1874—1963

字蔚如，號歗盦、枝巢等。
江蘇南京人。
詞人、學者。著有《舊京瑣事》等。

紫琅山色高崔巍金沙河水
魚苗肥誕生孝婦溫且惠誠
格感姑終霽感古來大孝蒸
蒸乂婦臣事舅姑上同例天神
默感刲護親盲目重光撥雲
翳四十先凋扶病魔感姑老
淚灑滂沱表阡令子師歐九
歷劫賢名永不磨

辛未長至前一日大雪盈尺
師鄭先生見示
南通孫母曹太君孝行事略敬賦
一章
江寧夏仁虎拜題

果 夏仁虎 金陵

夏敬觀

113

1875—1953

字劍丞，號盥人、吷庵。江西新建（今南昌市新建區）人。詩人。著有《詞調溯源》等。

1875

釋文

觀梅郎《天女散花》曲劇，曲爲李
釋戡少將所譜
碧桃白榆歷歷新，世間浪笑天上春。洗雨
吹風一番盡，甯知飄落到歌茵。歌茵
隱花胡旋舞，換袖鐙前見眉嫵。萬人
喚作緊那羅，凌空綽綽尋香女。此曲
西城能事無，誰其譜者李存符。傳
與歌喉教唱性，還裁羅縞稱輕軀。
吴儂腰比閶門柳，良家雜劇流
傳久。大鎖胡琴絶世工，前朝共
道曹綱手。內蕊宫花墜露輕，並
時供奉在昇平。總章漸恨清

鈐印

臻和齋藏（朱）

寒香曉雨（朱）

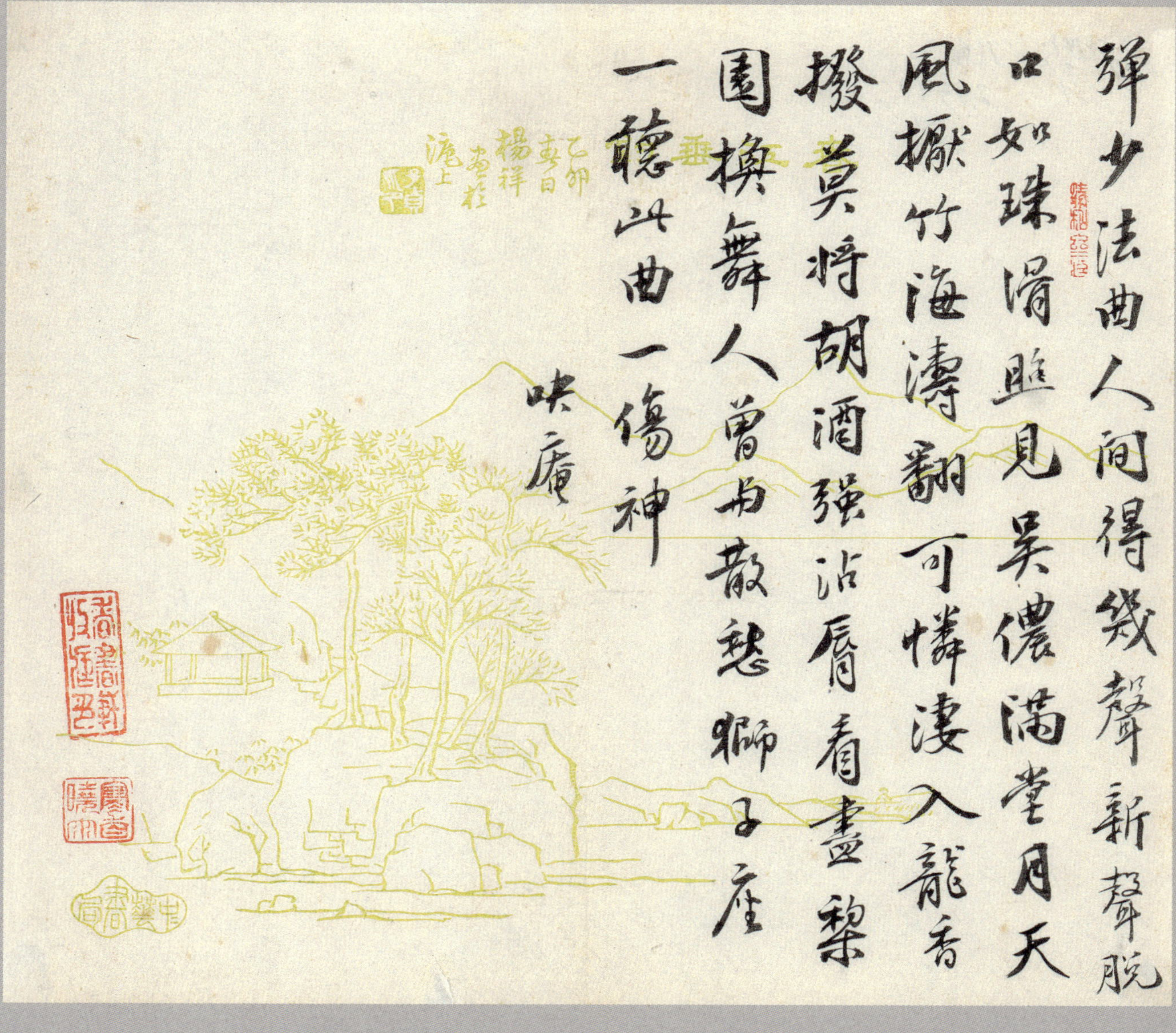

釋文

彈少，法曲人間得幾聲。新聲脫口如珠滑，照見吳儂滿堂月。天風撼竹海濤翻，可憐淒入龍香撥。莫將胡酒强沾脣，看盡梨園換舞人。曾與散愁獅子座，一聽此曲一傷神。

呋庵

臻和齋藏（朱）

鈐印

香書軒收藏印（朱）

寒香曉雨（朱）

釋文

聚卿先生左右：兹奉
大示，祇悉
尊藏翁覃谿、劉石庵二册，當時付印，由吴石潜接
洽，前已附贈印本矣。兹重以
台命再檢各一册，即交來手帶呈
尊鑒。《國光集》已有二三集，殘缺不全，不知
尊意要購否？如要，當在一星期後始能找補完全也。此復，順頌
太安。

弟制實再拜

1877

鄧實

114

1877—1951

字秋枚，别署枚子、野殘等。
廣東順德（今佛山市順德區）人。歷史學家。
主編《國粹學報》。著有《投筆集跋》等文。

聚卿先生左右 敬奉

大示敬悉

尊藏蜀亭藏劉石庵冊當時付印由吳石潛摄

影前已附贈印本矣茲重以

台命再檢存一冊即交來手帶呈

尊覽 國老集已有三集殘缺不全不知

尊意需購否 如需當在一星期後始能代補完全也 此復順頌

大安

弟制 寶 頓首

1951

釋文

紹賢仁兄大人執事：久別甚念。比維
動定多佳爲頌。玆有懇者：李一琴先生維格，
現擬携眷到長崎養病，因人地生疏，特由
章仲和兄函託照料。玆將原函附閲，屆
時請即分神一爲招呼。章函閲後，
仍乞寄還爲幸。敬頌
台安。　弟汪榮寳頓首　五月二十九日

1878

汪榮寳

115

1878—1932

字袞甫，别號思玄。

江蘇吴縣（今蘇州）人。音韵學家、詩人。

著有《思玄堂詩》等。

緣賢仁兄大人執事：久別甚念，比維
動定多佳為頌。茲有懇者，李一琴先生維格
現擬携眷赴長崎養病，因人地生疏，特由
章仲和兄函託照料，茲特屬函謁閣，屆
時請代分神一為招呼。章函閱後
仍乞寄還為幸。敬頌
台安
弟汪榮寶頓首
五月二十九日

盤影宋本

1932

釋文

誦莪世姻兄大鑒：在京晤教，良慰契濶。近想

貴體日益康復。前爲小女介紹姜家親事，承

嫂夫人面向内子問及，弟與體仁兄道義至交，并深佩其家風敦厚樸素，皆無問題。惟弟以爲，婚事男女子爲主體，必察其兩人志趣性情確相投合，然後締結，方爲圓滿，否則今後青年思

116

黄炎培

1878—1965

字任之。江蘇川沙（今屬上海）人。

民主革命家、教育家。

诵羲世姻兄大鑒：在京晤教，良慰契阔。近枉
貴從日益，京後前為小女介紹姜家親事，承
嫂夫人面向內子問及，弟與從仁兄道義至交，
并治佩其家風敦厚樸素，皆無問題。惟弟以
為婚事男女子為主，從必察其兩人志趣性情不很
相投合，然後締結，方為圓滿。否則今後青年思

中華教育改進社第二屆年會紀念

十二年九月中華教育改進社謹贈

想自由，難保不發生支節，近來發見正多。故此事手續，父母之彼此攷察爲弟一步；經相當之介紹，使男女相見晤談，如彼此有意，不妨許其通訊，此爲弟二步；然後彼此认爲相得，正式訂昏，爲弟三步。青年時代思想最宜改變，不惟男子如此，即女子亦然。故必俟其年事稍長，變化略定，彼此接洽經過時期稍久，然後確定。弟意如此，内子與舍妹皆同。此意不知　姜府以爲然否。如荷贊同，或遇假期，姜世兄南歸，順道顧舍談談，所謂弟二步想自由恋爱系不发生支节，近来发见正多，故此事乎？须父母之彼此欲察，为第一步；经相当之介绍，使男女相见谈谈，如彼此有意，不妨许其通讯，此为第二步；经彼彼此一[illegible]为相得，正式订婚为第三步。青年时代思想最宜改变，不惟男子如此，即女子亦然。故必俟其年事稍长，变化略定，彼此接洽，经过时期稍久，然后再定第三步。如此内子与舍妹皆同此意，不知姜府以为能否如尊府之意？或遇期姜世兄南归，顺道顾舍，俟之面谈第二步之手續也。弟在南方，見男女青年婚事問題支節日多一日，故主張如此。聞姜府老太太有急欲爲文孫訂婚之意，則請萬勿以舍下有此主張，以致稽遲時日，有負高堂期望也。一切尚乞

兄轉達爲感。手此，敬頌

公安。　姻世弟黄炎培敬啓　十二年九月十九日

嫂夫人均此道安。　內子同敬啓。

之手續也 弟在南方見男女青年婚事向

題支節目多 一日 坡主張從簡 聞吳安府老太

太有急欲為文孫訂婚之言 則請嫂勿以舍下

有此主張 以致稽遲時日 有負重託 望

也 一切希乞

兄轉達為感 手此敬頌

台安

嫂夫人

姻世弟黃炎培敬啓

坡兄道安 內子同叩候

十二年九月十九日

十二年八月 中華書局謹贈

释文

景朩老先生道几：卧病海滨經年，久闕聲問。處亂世，思君子，益令我企念不置。比聞静安沈昆明湖而逝，無盡哀悼。每坐卧其當年爲題金石拓本之下，猶宛接言笑也。想我公亦無限悲感矣。比日得一二問字之忘年友，頗嗜金石，尤欲得《趙王群

1879

蔡守

117

1879—1941

字哲夫，號寒瓊，别署寒翁、成城子等。
廣東顺德人。
詩人、金石學家。著有《寒瓊遺稿》等。

景宗老先生道几臥痾海濱經年
久闕款問盡亂無思
君子益令我企念不置比聞靜安沈
昆明湖而逝言書哀悼每書臥共邑
年為題金石拓本之下猶究援言
吳之想我
公之言限悠感矣比日得一之問字之
忘年友頌皆至不尤剝得趙王辟

臣上壽》精脱墨二𠆮，側有宋元人題
刻者更佳。倘能
代訪購，希即　詳示所值。島市有
中國銀行，滙欵殊不難也。或有他
種漢魏舊拓與精挩未剪者，如《劉
平國》等新發見及尠見者，均希一一
賜示碑目價直爲盼。並乞
代買最精畫叉五事。

碑刻

銅製

昔年在杭州曾買得一事。島市俗甚，無此物也。

1879

日上青精脱墨二幅有宋元人跋題
刻者交使侶能
代訪購爲印　詳言所值島市有
中國銀行滙款殊不難也或有他
種漢魏碑刻舊拓與精拓未易者如劉
平國等號常見及勘見者均爲一一
賜示碑目價直爲盼並乞
代買日最精銅鑑畫叉五事一事
昔年在杭州曾買得一事島市俗名云比物

釋文

今該直若干，《藝風堂金石目》可代購否？亦祈順及之。昔年曾乞　訪購朱堅石梅所著《壺史》，未識有得否？至今數年，時刻弗能忘也。沈存周、黄元吉所製錫茶葉瓶可有售否？島市已炎暑，揮汗草此，未盡萬一。祇叩

道安。翹佇

德音之至。弟守頓首　丁卯五月廿八日午

1879

藝風堂金石目今該直若干代購書亦祈收及之。昔年曾從

訪購宋犖石梅所著畫史，未識有此書否？今數年時刻耶

訪為也。況存國黄元吉所製錫茶葉瓶，可有售否？島市已交暑，揮汗草

此，未盡萬一，諸叩

道安，雅候

德音之至。手肅 弟友頓首

丁卯五月廿八日午

釋文

三希星聚圖題詞

彭祖壽永年，舉世少復真。粲粲三珠樹，今朝復斯聞。落地爲兄弟，偃息常所親。自從分別來，言笑難爲因。再喜見友于，興言在茲春。揮觴道平素，素遇盡殷勤。我唱爾言得，即事多所欣。天容自永固，眷茲品物存。黄綺之商山，漂流逮狂秦。撥置且莫念，菊爲制頽齡。世間有松喬，奚覺無一人。客養千金軀，所以貴我身。

癸丑十又二月，集淵明句録奉

絜齋太姻伯大人誨政。

姻再侄劉承幹呈稾

鈐印

求恕堂（朱）

承幹心印（白）

1881

劉承幹

118

1881—1963

字貞一，號翰怡，吴興（今浙江湖州）人。藏書家。藏書樓名嘉業堂。刻印有《嘉業堂叢書》等。

三布星聚圖題詞

彭祖壽永年舉世少復真粲粲三珠樹今朝復斯聞落地為兄弟偃息常所親自從分別來言笑難為因再喜見友于興言在茲春揮觴道平素一遇盡殷勤我唱爾言得即事多所欣天容自永固春茲品物存黃綺之商山漂流逮狂秦撥置且莫念菊為制頹齡世間有松喬奚覺無一人客養千金軀所以貴我身

癸丑十又二月集淵明句錄奉

絜齋太姻伯大人海政

姻再侄劉承幹呈稾

1963

釋文

入秋炎歊轉烈，遂恒不適，惠臨失迓，歉歉。承賜《廣武將軍碑》，謝謝。顧氏藏曹通拓本甚富，取價亦廉，想所得必甚精備矣。大石章已奏刀，甚感。擬加何字，悉聽尊裁，不必拘定也。《三水年譜》一部奉貽。此上

仲珺仁兄　綽上　廿五

1881

葉恭綽

119

1881—1968

字譽虎，號遐庵，廣東番禺（今廣州）人。收藏家。有《遐庵彙稿》等。

承頒美款特為遴選恒小適意

誤出遲歉之承賜廣武將軍

碑謝謝邢氏藏舊通拓本亦當

取價亦廉想所得必出精華矣

大石齋已奏刀否感擬如何字達賜

賞識亦必確定也三水年譜一部

奉貽並上

仲璐公兄

綽 首

釋文

郁文先生左右：

手教誦悉。四十年前之蹤跡，非經

提及，早付之忘海矣。伯鷹在

上海文物保管委員會工作，住址爲北四川路一九〇六弄六十四號，情况甚好，頗有述作，書法

尤有進境。想

公聞之，定爲欣慰。復請

旅安。　　章士釗謹啓　九月十六日

1881

120

章士釗

1881—1973

字行嚴，號秋桐、青桐、孤桐。

湖南善化（今長沙）人。愛國民主人士、學者。

著有《邏輯指要》《柳文指要》等。

郁文先生左右

手教誦悉四十年前之蹤跡

忆往

提及早付之忘海美伯鷹在

上海文物保管委員會工作住

址爲北四川路一九〇弄六十四號

情況甚好頗有述作書法

尤有進境想

公聞之定爲欣慰復請

旅安

章劍謹啓

九月十六日

同心之言其臭如蘭

文美未記

1973

釋文

得港信

一往瞢騰事遠尋，寡人南海託春心。
徒令夢憶成千結，未信書緘敵萬金。
易世未諳新活計，登壇難返舊光陰。
平生積疢無多子，視爾摧藏悔獨深。

德貞吾妹細玩此詩，久之當得其意。可並與蕙君一閱。將來我詩集中亦存此詩。

孤桐

鈐印

行嚴長壽（朱）

得港信

一往舊騰事遠尋，寓人南海託春心。
徒令夢憶成千結，未信書緘敵萬金。
易老未諳新活計，登增難返舊光陰。
平生積疢無多子，視尓摧藏悔獨深。

總貞吾妹細玩此詩，久之當得其意，可乎。與蕙君一閱，將來我詩集中必存此詩。

紹桐

雙魚箋 息柯

1973

釋文

德貞吾妹：此數日内是我最爲高興之日，因魏太太送來針藥罐頭並信一封、相片一張。你的面貌比前豐滿，此比我自己有好處還要好。我近來學俄文甚有進步，真是毫無暇晷。每週有兩處要開

1881

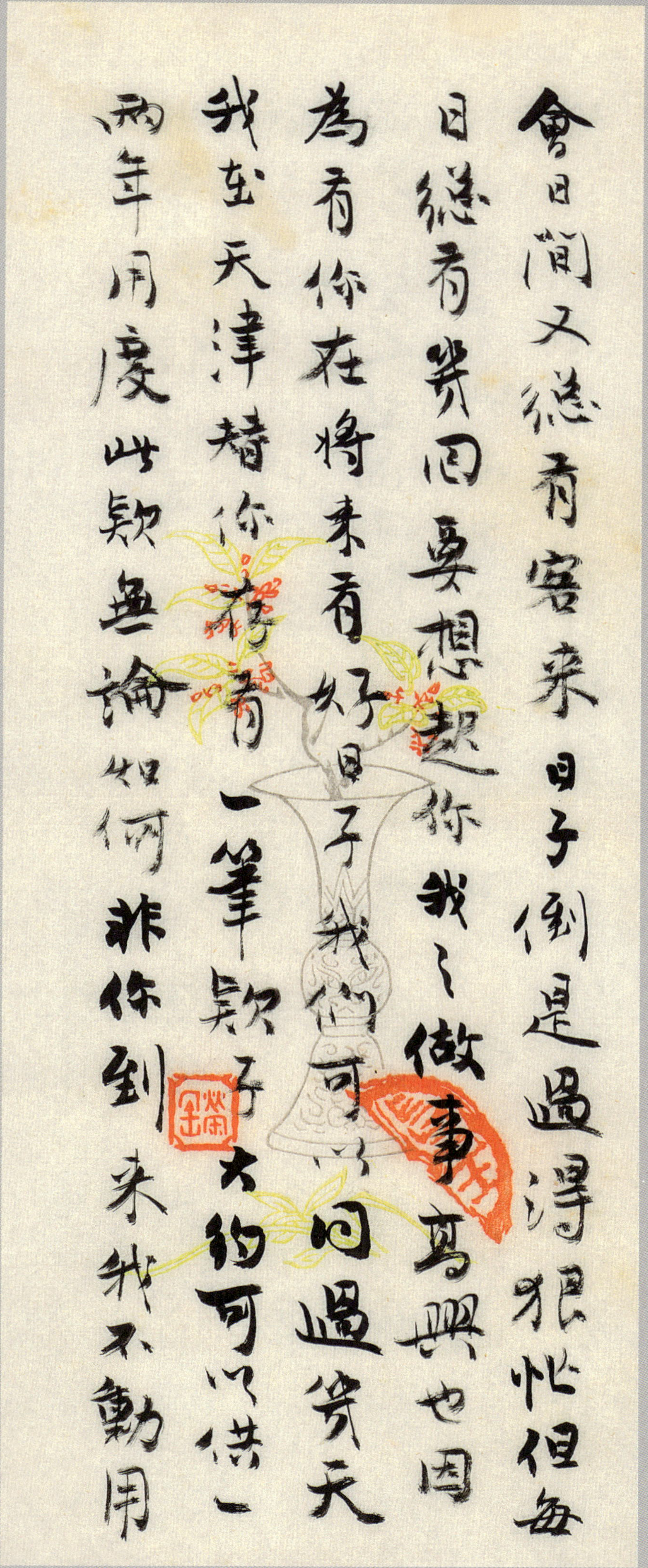

釋文

會，日間又総有客來，日子倒是過得狠忙，但每日総有幾回要想起你我之做事。高興也因爲有你在，將來有好日子我們可以同過幾天。我在天津替你存有一筆欵子，大約可以供一兩年用度。此欵無論如何，非你到來我不動用。

1973

釋文

此事來信時不必提及，妨爲人見。我之來港
計劃，早已同此間要人談過，他們須等毛主席
回來決定，故而不能説何時動身。我的生日承
你記住，幸此間尚少人知道，可以静静的渡過。
傅沐波回港時，我託他招呼你。他來信説已經

1881

釋文

見過你，情形好極，但未提及送欵。不知他來時如何說法。杜先生來信說你常到他家去，一切有他照顧，教我放心，不知究竟如何。李梅君 即李宗理 常見否？有一頁信請你交去。下次我再有幾封信給朋友，今日暫止於此矣。此問近好。　媚媚好。

士釗手書　廿二日

釋文

佩丞吾兄社長尊右：昨誦惠札，并荷和詞，知有歷下之行，并諗動定佳暢爲慰。和詞大佳，可謂抛磚引玉。代挽對臯老人之聯亦見斤兩。我輩文字，要必稱心而出，君嚴我隘，正復相類，時輩鮮知此義者矣。弟到京以來，精神覺勝，目下海棠已過，牡丹已開，公三五日能來，當恰及好處，甚盼甚盼。又有啓者：季友去

1882

121

郭則澐

1882—1947

字蟄雲，號嘯麓。福建侯官（今福州）人。光緒進士。著有《紅樓真夢》等。

佩弦吾兄

社長足下昨誦

惠札并蒋和詞知有歷下之行并諗

動定佳暢為慰和詞太佳可謂拋磚引玉代換對

竟古人之碎也見示兩我輩文字要必秘而出

君嚴我隘正復相類时輩鮮知此義弗到

京以來精神覺勝目下海棠已過牡丹已開

以三五日後來齋恰及好風甚勝又有餞者李友去

1947

秋以來，抱病已久，竟至不起。多年舊好，爲之扼腕。尤不堪者，身後蕭然，無以爲殮。其子維樅求公言於翼揆，從豊致賻，并乞公出面提倡，凡翼揆處同人，一律凑送現金，俾得實惠。夙知季友生前與公亦屬至好，患難生死交情，於此可見，切望有以濟之。如何凑集，能先見示，俾便轉告，尤感。弟

秋以來抱病已久，竟正不起。多年舊好，為之挽腕尤
不堪。君身後蕭條，無以為殮。其子經樾求
以言於 蕖樓從興設賻，并乞
公出面提倡，凡蕖樓處同人一律湊送現金，俾得實
惠。夙知季友生前與
公亦屬至好，當無難生死交情，於此可見。切望
有以濟之。於所湊集者，能先見示，俾便轉告，尤感 弟

所著《竹軒摭録》已付刻工，
公允再製一序，順乞揮灑成之，以光簡册，不勝盼禱。
消寒會同人想仍常聚晤，乞
代致拳拳。此間亦罕可談者，但有可游走處，視津
爲勝耳。畫會展覽在即，
尊件便中寄下，以速爲妙。即請
著安。弟則澐再拜 初六日

所著竹軒撫碑已付刻工

以之真鐫一席眼光拜游威之以光開册不勝時禱

諸公會同人 擬作第號時乞

代致拳拳 此間亦寫可讀書但有可游者 惟

爲勝耳 書會屢覺在即

若俟使中實不以速爲妙 即詢

著安 弟 沈尹默頓首

寫牋

龍頤 樵製

1947

釋文

伯鷹尊兄左右：昨得致舍弟信及乔均交去矣。

手教，並捧誦大文，至佩。爲後學説法，可謂周悉，唯

所依據者乃鄙説。非此説之有誤，恐因愚昧不足取

信於人，反使讀者疑

兄有所偏私而忽視之，則不如但就

兄所得之於前人者詳説之，或較有效耳。亦即愚所引據者。

尊意以爲如何？行嚴詩已詳爲看過，是否仍送

兄處，抑交他人，望示知。至盼至盼。即頌撰安。尹默拜啓

大稿附繳。八月六日

1883

沈尹默

122

1883—1971

原名君默，字中，號秋明。

浙江吴興（今湖州）人。書法家、詩人。

著有《書法論叢》等。

伯鷹尊兄左右：昨得路倉亦行及詩均交去矣

手教並撰論大文，至佩。為後學說法，可謂周悉。唯

所依據者乃鄙說，非此說之有誤，甚因愚昧不足取

信於人，反使讀者疑

兄有所偏私而自視之，則不妥。但就

兄所謂之指前人者詳說之，或較易致耳。二印並所引據者

尊意以為如何？行書試卷已譯為書，過是否仍望

兄處抄交他人，望示知。不盡欲言，順頌撰安。尹默頓首

八月廿日

大楷附繳

匏瓜庵

仿蒼頡篇六十字為一章

耀辰兄：

近日尚有閑而不能多寫点文章，今日又已是禮拜五了，下期的稿子還不知道在那里呢。黎公賜宴想必有大舉動，唯不佞懶于出門，一半由于刮大風。恐未必能去領賜耳。日前往北海訪友，

釋文

耀辰兄：

近日尚有閑而不能多寫点文章，今日又已是禮拜五了，下期的稿子還不知道在那里呢。黎公賜宴想必有大舉動，唯不佞懶于出門，一半由于刮大風。恐未必能去領賜耳。日前往北海訪友，

1885

123

周作人

1885—1967

原名櫆壽，字啓明，晚年改名遐壽。

浙江紹興人。作家、翻譯家。

著有《自己的園地》《知堂文集》等。

仿蒼頡篇六十字爲一章

釋文

順便在小骨董店中買一石印，文曰『以酒爲衣』，見下。边款五行云：『有酒曾歌雅，無衣漫詠豳。一樽憑泛蟻，百結抵懸鶉。但學劉伶醉，渾忘范叔貧。甕頭謀卒歲，缸面暖回春。戊戌秋七月朔日，馮敏昌。』雖係賦得上文四字，亦頗可玩耳。匆匆。十九年十月十日，作人。

鈐印

以酒爲衣（白）

襲善壻及女容同覽：前者吾賢如鄂，未得握別，殊以爲歉。侃爾來良多壹欝，老姊足腫雖小瘥，尚未起牀，繫念其孫，望之不至，月夜寱語，吁可駴人。侃讀《周禮》孫疏，日不能一卷，懈惰如此，垂老無成，亦其宜也。自吾賢離我，頓覺寂寥，日惟與董、殷二生略事燕語。殷生才氣尚可，正恐未能竺好潛脩，傳學之難，思之心痗。來書論《爾雅》名物，疑義足徵，故訓之功已深。竊謂仍當貫以聲音，求其條例。如《說文》『虋、璊』『裖、蜃』，《禮注》『韇、蒨』『弁、槃』，

1886

黄侃

124

1886—1935

字季剛，號量守居士。

湖北蕲春人。文字學家、音韵訓詁學家。

著有《音略》等。

龍善壻及女容同覽前者弟賢如鄂未得
握別殊以為歎個亦未良多壹欝老姊足
腫雖少瘥尚未起牀繫念其孫望之不至目
夜寢語吁于骴人個讀周礼孫疏日不能一卷
憐情如此垂老無風之愛宜也自無賢離
我輩覺寐寤日惟与董殷二生略事燕語
殷生才氣尚可正恐未能笃好潛脩傳学之
難思之心痗来書論亦雅名物疑義足徵
故訓之功已深窮穰語仍當要以聲音求其
條例如說文夢瑞禳屢礼注精蒨舟槃

『葪』爲笤帚，製以黍穰，則書爲『梨』；『蒲』爲水艸，移狀禽口，則變爲『凫』。至于狀所異同，名言遷貿，沈思冥索，緦理秩然，亦鑽擘故言之樂事也。近日授書，想尚順手。釋氏有云毋輕未學，此哲則曰循循誘人，此其要也。容之疾當静攝，療治亦不可忽。校事擺落之可爾。兹欲從離明乞新修《湖北通志》一部，煩即求之。倘取來，即望付郵。餘容再談。此問近好。

九月廿五晨侃書。

蒭為苕帚製以黍穰則書為犁蒲為水艸移狀翕口則變為皃至于狀所異同名言遷賈沈思冥索體理秩然之鑽擘切言之樂事如近日授書想當順手釋氏言云毋輕未學此指則日循循誘人此其要也容之疾當靜攝療治亦不可忽校字擺落茲欲從離明之新修湖北通志一部之西知煩即求之傳西來即望付郵俾容再讀此冊近好

九月廿五晨佩書

釋文

繪心一一寫蕭踈，早愁鬟先疊江湖。空翠冒煙蘿，斜陽正戀菰蒲。低徊處，澹抹穠攄。衹深院，前度金波對影，照澈幽裾。又芸牕檢夢，一榻換清逋。中吴。詞場半千運，應逴蹤蔣（竹山）後陳（迦陵）初。移向畫中看，絲茅總藴璣珠。會騷心，雅些親扶。怎波翦，宫羽愔愔不度，怨閼金壺。稱倪迂宛在，清俗判珎無。高山流水

止庵權奇倜儻，富才藪，畫本流傳極希覯。其于詞，推闡皋文張氏之旨，今體製益尊。此山水畫册蓋自寓其清淑之境，而題句無詞，爲譜夢牕自度腔，以申其緒。

悊生先生詞宗正拍。　均室易忠籙

紀元三十有六年十二月寓錦里上

鈐印

靜偶軒（白）

欲求禠眇反幽深（朱）

1886

125 易忠籙

1886—1969

原名書竹，字均室，號稆園。

湖北潛江人。

金石學家。著述有《古籀臆箋》等。

繪心一一寫蕭疏，早愁鬟先疊江湖，六翠冒煙蘿。斜陽正戀蘼蕪，低徊處、漫抹襟懷，祇深院芳度清注。究對顆照澈面㴔，又乾泉飛漱，脈脈瞰遊湖。中吳詞場半千還，旌違蹤蕣，後陳初務，向畫中看綠蕪總蘊。璣珠伏駿心，雅些親挍，沒菁宮羽，愔愔不度，怨网全壺。稱倪迂宛至，清絕判珍臯。

高山流水

上虞權奇倜儻，寫手執畫本流傳極布，覩其于詞推闡皋文張氏之旨，今體裁無之，乃此山水畫冊，並自寫其清淑之境而題句無詞，寫逕夢，倘自度腔以中其緒。

愙生先生詞宗正拍　均室易忠籙

紀元三十有六年十二月寫於里士

次溪先生：先後得兄七月十七、廿二兩函及八月四日郵片，適值敝校思想改造日趨高潮，博以年老受照顧，一切大會報告及小組討論皆不參加，而種種事實揭發患害祖國都出慮表，傷國步之多艱，哀人生之實難，不能以事不干己而不心驚魄動，遂爾因循作答。《章行嚴先生年譜序》具稿如別紙，不僅爲章先生捧二人場，而欲借章先生以反映時代，垂爲鑒戒。賈生《過秦論》所謂『驗之當世，參以人事』。不覺其辭之絮。無暇用寄來髮箋繕寫，即用初稿排印可也。孫序併繳。因作年譜序而檢舊日記，得在湖南時寄章先生二律，録奉留念。《扇面大觀》發票隨轉蘇南文管委員會，郵費式萬，亦囑繳奉，收到未？近日心臟病大發，一夜數起，甚至夜不帖席，醫者戒少出門、少伏案，此後將暫謝筆墨。匆匆，不多及，惟珍重自力。

錢基博 八月十二日

《辛亥江南光復實録》未留底，録好擲還。叩叩。

126

錢基博

1887—1957

字子泉，號潛廬。江蘇無錫人。文史學家、教育家。著有《經學通志》等。

次溪先生：先後得

兄七月十七、廿二兩函及八月四日鄭片，適值敝校思想改造日趨高潮，博以年老受

照顧，一切大會報告及小組討論皆不參加，而種種事實揭發迷害之祖國都出應

表揚國家之多難，哀人生之實難，不能以事不干己而不心驚魂動，遂爾因

循作答。章行嚴先生年譜序具稿如別紙，不僅為章先生稱揚，而欲借章先

生以反映時代，垂為鑒戒，賈生過秦論所謂驗之當世，參以人事，不覺其辭

之繁。無暇用

寄來箋繕寫，即用初稿排印可也。擬序併繳。因作年譜序而檢舊日記，得

在湖南時寄章先生二律，錄奉

留念。扇面大觀發票，蘇南文管委員會鄭費式謝，亦囑繳奉。

取別。秋近日以臟病大發，一夜數起，甚至夜不能臥，醫囑節戒少出門，以休

養。此後將暫謝筆墨。匆匆不多及。惟

珍重自力。

錢基博　八月十二日

辛亥江南光復實錄未留底錄，如擲還，叩叩。

釋文

耐盦夫子座下：自
尊駕南邁，迨及東旋，疊奉三函。每思肅復，
輒以行止無定，恐難投遞而止。日前奉到由滬
發來
手諭，承
枉存家慈，感荷感荷。又蒙
殷殷以濟北行爲懷，知

臻和齋藏（朱）

香書軒收藏印（朱）

寒香曉雨（朱）

鈐印

1887

劉永濟

127

1887—1966

字弘度，號誦帚。湖南新寧人。
作家、古典文學學者。
著有《文心雕龍校釋》等。

耐盦夫子座下自
尊駕焉南邁追及東旋疊奉三函每思肅復
輒以行止無定恐難投遞而止日前奉到由滬
發來
手諭承
枉存家慈垂詢又蒙
賜以濟北行為懷知

虬枝幻作春風艷留與
幽人伴歲寒
癸丑孟春吳觀岱製 山木題

垂注甚深也。頃復由祖堯交閱漢上來電，自當留此以待。惟濟之不憚遠行，亦苟全之計。當雨僧來緘紹介之時，適濟有北風雨雪之思，懷赤狐黑烏之嘆。自念留湘無以自存，欲藉此漫游少豁心目。商之祖堯，深不謂然。蓋恐一出國門，即犯衆嫌，萬一鎩羽南歸，恐湘雲楚水，無飲

臻和齋藏（朱）

寒香曉雨（朱）

鈐印

垂注甚深也頃復由祖堯交閱漢上來
電自崗留此以待惟濟之不惲遠行而
為全之計耑雨僧來識濟之時適濟有
北風雨雪之思懷赤狐黑烏之嘆自念
留湘無以自存欲藉此漫游少豁心目而
之祖堯謀不謂然蓋恐一出國門即犯
嚴譴萬一鎩羽南歸恐湘雲楚水無飲

虬枝幻作春風豔留與畫伴歲寒

癸丑孟春吳觀岱製 山木題

釋文

啄之地，不如混迹一時爲愈。其言近理，然濟此時已不暇憂深思遠矣。且濟之從雨僧之説，半屬朋友私誼。湘中既不易居，北行亦無不可。濟之所業，雕蟲小技耳，絶非縱横游説之士，足以重秦輕楚可比，亦不必深憂遠思如祖堯之所云也。至於濟於明德，往日既無微勞，徒以

臻和齋藏（朱）

寒香曉雨（朱）

鈐印

啄之地不以混迹一時為念其言近理然濟此時不勝憂深思邈矣且濟之從而僧之說半屬朋友私誼相率隨不易居北行而無不可濟之所業雖遠心技再絕以縱橫游說之士足以重秦輕楚不如忘深長遠思以祖堯之所云也至於濟於以德往日既無微勞從以

虯枝紛作春風艷留與後人評品(?)
癸丑孟春吳觀岱製山木題

夫子厚愛，祖堯久要，坐分一席，素食八年，懷慚已深。臻和齋藏（朱）今後局勢既更，留此亦徒尸位耳，非敢竟忘母校之艱難也。特此縷陳適來胸臆，先達左右，乞賜教誨爲幸。順頌春祺。不莊。門人永濟謹上

香書軒收藏印（朱）

寒香曉雨（朱）

鈐印

夫子屢擾祖堯久要生分一二常素食人
年懷懸已深今後所勢既要留此意徒
尸位耳非敢竟忘母校之語諒必特
此請除逐來胸臆先達
左右也
賜教誨為幸 順頌
春禧 不莊 弟小濟謹上

雙虬
適盦居士藏
雙木道人題

釋文

身似閒僧處處家，清遊沉醉足生涯。一年肯負春三五，補對東風壽百花。冰花似剪宣城綵，香海疑探鄧尉梅。豈爲澆腸催换酒，霜濃馬滑倦徘回。奉和一广先生甲寅花朝後一日雪中即事均

寒雲

1889

128

袁克文

1889—1931

字豹岑，號寒雲。河南項城人。

詩人、書法家。

有《寒雲詞集》等。

身似閒僧處處家清遊沉醉足

生涯一年肯負春三五補對東

風壽百花冰花似剪宣城綵香

海疑探鄭尉梅豈為澆腸催換

酒霜濃馬滑倦徘徊　奉和

一广先生甲寅花朝後一日雪中即事均

寒雲

紉農為箋秘閣製箋

聲伯題

貞白兄：廿五早車安抵蘇站，回家休息兩日，日見痊愈。蜕皮惟手脚未净，餘處漸蠲潔矣。入秋以來，炎蒸益酷，書室陰涼，猶達九十二度，中夜不能安枕。今日稍減，但若不能得雨，則一兩日間恐猶難轉爽也。森老關切至深，毋任感激，務請轉達鄙忱。對兄則不復客套矣。會中如有事，并盼隨時見告。久不握管，手尚無力。草此聊慰　系念。即頌起居。　　東頓首　八月廿七日

夫人均此。　　內人、周老夫婦兼附筆。

汪東

129

1890—1963

原名東寶，字旭初，號寄庵，別號寄生、夢秋。江蘇吴縣（今蘇州）人。教育家、學者。有《詞學通論》等。

貞白兄：廿五早車站握別，歸田家休息兩日，已見瘥，寢晚收
手腳未淨，如處謝藹潔矣。入秋以來，支藥益酬，書室陰涼
猶達九十二度，中夜不能安枕，六日稍減，但若不能得兩，則一
兩日間恐猶難持矣。　森老閲切至深，如任或淵務，請
特達鄙忱，謝
兄別不復言矣。會中如有事，弗妨隨時見告，大不拋
前上函，當力求此聯繫，多念即以
敬安
夫人均此
弟鈞頓首　廿七日
內人同老夫人轉蘇附筆

1963

釋文

早聞州里推醇德，近向行都接老成。眼底江山歸勝賞，膝前軾轍各聲名。共看借箸來謀國，那用餐芝事養生。留與文場作佳話，新詞試譜壽星明。　恭祝

勤士老伯大人七秩大慶

雲間姚鵷雛拜撰

鈐印

（白）鵷

鶵（朱）

1892

130

姚鵷雛

1892—1954

原名錫鈞，字雄伯，筆名龍公等。江蘇松江（今屬上海）人。文學家。著有《恨海孤舟記》等。

早聞州里推醲德，近向行都接老成。眼底江山歸勝賞，膝前軾轍各聲名。共看借箸來謀國，那用餐芝事養生。留與文場作佳話，新詞試譜壽星明。

恭祝

勤士老伯大人七秩大慶

雲間姚鵷雛拜饌

荊花館主徵文牋

釋文

滿庭芳 消夏

遊子歸來，壯懷老去，風塵使吾神疲。困人天氣，况又曝書時。除却浮瓜沈李，儘消遣、無一相宜。憑欄處，誰能解語，知了幾曾知。生涯原不惡，燃脂度曲，刻燭填詞。更銅簫鐵笛，譜上新詩。少個小紅低唱，渾閒煞、廿四橋西。天公好，微雲淡月，已種着秋思。

乙卯孟夏　吴江范煙橋

1894

范煙橋

131

1894—1967

學名鏞，字味韶，號煙橋，以號行。

筆名萬年橋、愁城俠客等。

吴江（今蘇州市吴江區）同里人。

現代作家、文藝理論家。作品集有《煙絲》等。

满庭芳 消夏

遊子歸来壯懷老去風塵使吾神疲困人天氣況又曝書時除却浮瓜沈李儘消遣無一相宜凭欄處誰能解語知了幾曾知生涯原不惡燃脂度曲刻燭填詞更銅簫鐵笛譜上新詩少個小紅低唱渾閒煞廿四橋西天公好微雲淡月已種着秋思

乙卯孟夏 吴江范煙橋

春滿江南

思補子屬爲寫贈

錫蕃先生清賞

1967

釋文

孝穎先生大鑒：上月二十三日
惠書奉悉，所引韋
鴻銘語一則，義旨深
微，非深通中國古籍者
不能道。居今欲索解
人，亦不易得矣。捧誦
慨然。專此奉復，
順頌
春祺。弟錢穆啓
四月七日

1895

132

錢穆

1895—1990

原名思鑅，字賓四。

江蘇無錫人。歷史學家、思想家、教育家。

著有《國史大綱》等。

釋文

孝穎先生惠鑒：二日手書奉讀。
承欲爲拙著論史語撮
要輯録，以廣流傳，
賢者用心，惟滋慚恧。
特思當前學風，競尚掊
擊之功，頗無揚扢之雅，
如賢者之所爲，是亦移風
易俗之一端。僅恐拙著不
足以當之。捧誦來書，不
勝慨想。專復，順頌
撰祺。弟錢穆啓
小文一篇奉 五月四日
正。

1990

釋文

敦仁賢弟：小畫題好送去。
小鼎先備之三百元可速
送交，其九百隨即送去，
務請　子雅先生分神，
早日辦成爲盼。至於陶

靜娱樓藏（朱）

鈐印

1896

溥儒

133

1896—1963

初字仲衡，改字心畬，號西山逸士、羲皇上人。
北京人。書畫家、收藏家。

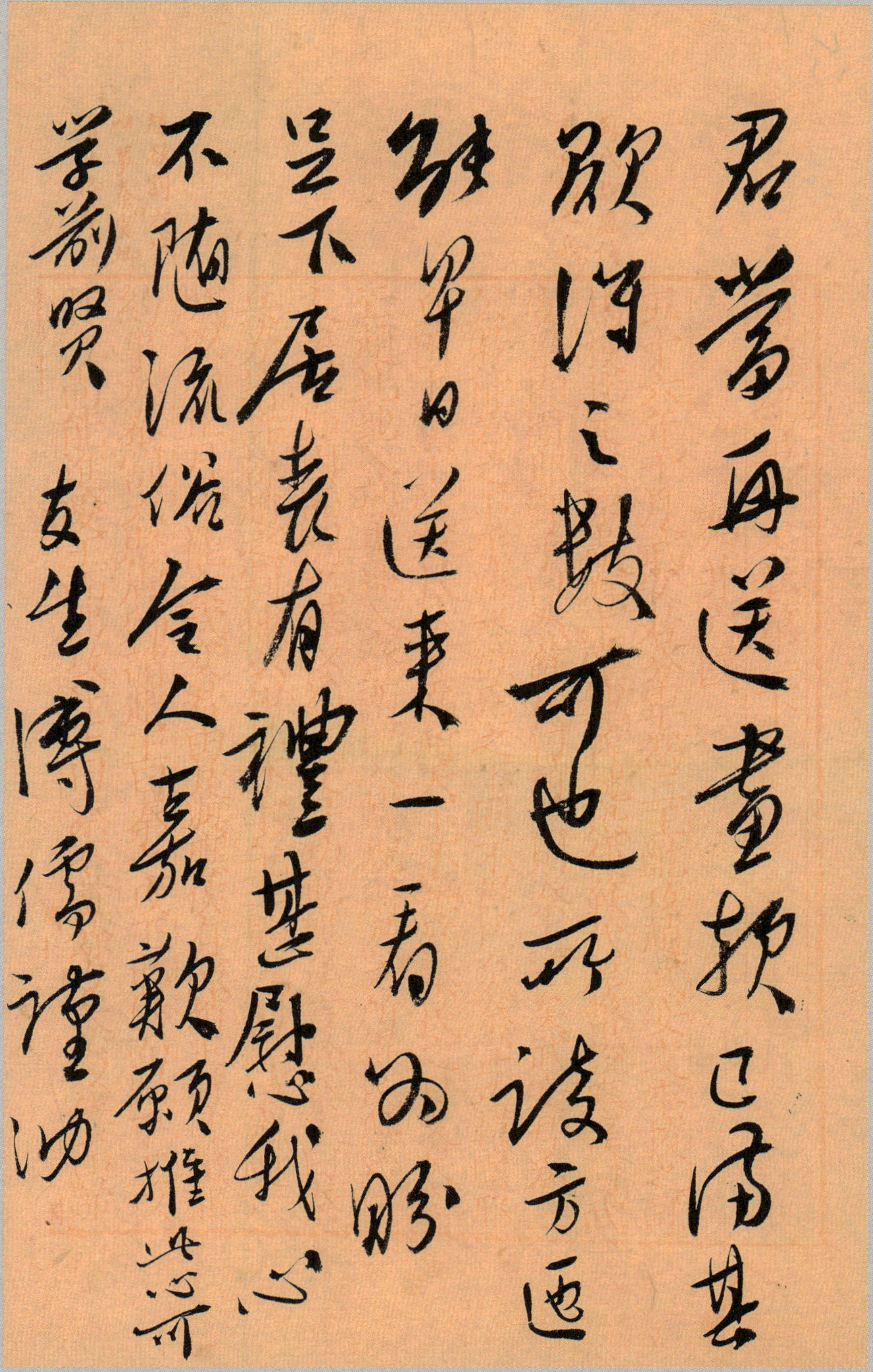

釋文

君，當再送畫款，已滿其
欲得之數可也。所談方匜，
能早日送來一看爲盼。
足下居喪有禮，甚慰我心，
不隨流俗，令人嘉歎。願推此心，可
學前賢。　友生溥儒謹泐

釋文

敦仁賢弟：前託詢問求讓小鼎一節，竟承前途慨諾，至爲欣慰，亦足見敏實將事，將來賢契學識所造，必有可望也。極願

鈐印

敦仁珍藏（朱）

1896

釋文

勉之。可答覆陶君，敬如
所命，即爲定妥。請從現
今極力備款，繼續送君
處，或先付若干，恐陶君待
用，或收齊再付，可商之蒲

釋文

公。總以訂明議定爲要，
并聲明一定在十一月底（舊曆）
前後付清此款。前所談作
爲尊意還商千元一節，能
如此固極好，若稍躊躕，即可
按照一千二百元，隼於月

1896

釋文

底付清無誤。付款即由車夫劉天瑞携函送去，君收齊時即與接洽可也。若至十一月底筆潤不足此數，即由金城銀行提付矣。餘俟面罄，不具。　友生溥儒手肅

鈐印

溥儒（白）

人民文學出板社編輯部同志：

《水滸》評注本一至六回樣稿早已讀過，兹奉尊處本月十九日來信，督以貢獻意見，無任惶恐。年來腦力鋭减，既善忘又不善於領悟。評注本乃集體著作，考慮必周，討論必不厭反覆，淺陋如余，何敢妄測高深。所可奉告者，一言而已：《水滸》行世已數百年，今乃有認真的評

1896

茅盾

134

1896—1981

原名沈德鴻，字雁冰。浙江桐鄉人。作家、社會活動家。代表作有《子夜》等。有《茅盾全集》行世。

人民文学出版社编辑部同志：

「水浒」评注本一五六回样稿早已读过，兹奉尊处本月十九日来信，责以贡献意见，无任惶恐。年来脑力锐减，既善忘又不善于领悟，评注本乃集体著作，考虑必周，讨论必不厌反覆，浅陋如余，何敢妄测高深。所可奉告者，一言而已：「水浒」行世已数百年，今乃有认真的评注，而且是企圖據馬列主義下評，以攷證方法作注，此乃破天荒之大事，正惟其如此，或評或注，小疵未必可免，求於大體無礙，似即可試印少數，小範圍發行，陸續再加修改。蓋今日青年欲讀古典作品，則舊有插架，今既皆塔蒲，幾於無書可讀，此《水滸》評注本之所以不可緩也。匆此，順頌

健康。

茅盾　一月二十九日

注，而且是企图按马列主义下评，以攷证方法作注，此乃破天荒之大事，而惟其如此，或评或注，小疵当不可免，求於大体无碍，则即可试印少数，小范围发行，陆续再加修改。盖今日青年欲读古典作品，则旧有樑架，今既皆塌崩，致彼无书可读，此水浒评注本之所以可贵也。匆此

顺颂

健康。

茅盾

一月二十九日。

胡從經同志：二十日信悉。清樣奉還，只删掉一個字。厦門大學莊同志是見過的，最近未會面。我以爲在人家寫的研究我的作品中説三道四，是不合式的。除非是有關我的生平或活動倘有不合事實，或者曾經告訴他，俾便改正。對于你們的『叢編』，我大概没法幫助。對于過去的人或事，强半遺忘，像些斷爛影片，凑胡从经同志：二十日信悉。请将年表、只删掉一个字。厦门大学庄同志是见过的，最近未会面。我以为在人家写的研究我的作品中说三道四，是不合式的。除此是有关我的生平或活动偶有不合事实，或者曾经告诉他，俾便改正。对于你们的《丛编》，我大概没法帮助。对于过去的人或事，强半遗忘，像些断烂影片，凑不成什樣了。所以請原諒，連什麽徵求意見的草稿也不要寄來。至于寫稿，尤其没法應命。理由如上述。况且時間也不够。我每天得化一定時間（至少半天）在學習，在閲讀日報、大參攷等。晚上是不能作什麽的，因爲視力太差。餘下的時間，被會客、寫信佔了不少。真没辦法。此信都説盡了，以後來信，恕不復。匆此。沈雁冰

八月廿八日

不成什樣了，所以請原諒，連什麼徵求意見的草稿也不要寄來，至于寫稿，尤其沒法遵命，理由見上述，況且時間也不夠，我每天只能一定時間（至少半天）在學習，在閱讀日報、大參考等，晚上是不能作什麼的，因為視力太差，餘下的時間，就會客、寫信，信了不少，真沒辦法，此信都說盡了，以後來信，恕不復。匆此，冰心，

八月廿四日

釋文

海清賢内侄壻如晤：頃得

手示，得悉

喬遷新居，賀喜賀喜。賤況如恒，乏善可

述，差幸今年不冷，腰脚未至十分痛楚

耳。大、小女半月前自津來京，一家團聚，

尚屬可喜，餘無足道也。愚久不作字，日

前又苦頭暈耳鳴，拙稿亦有三星期

不曾續寫。年長體衰，力不從心，如何可

1897

顧隨

135

1897—1960

字羡季，筆名苦水，别號駝庵。

河北清河人。詩詞學家、文學批評家。

著有《稼軒詞説》等。

海濤賢內侄壻如晤：昨得
手示，得悉
為遷新居，賀喜賀喜。昨次女植之墨函
來，墓[illegible]年未次勝御，未至十分痛楚
耳。大女生月前自津來京，一家團聚，
尚屬可喜，能為是道也。惠兒今未作字，日
前又患眩暈耳鳴，杜穗山書三星期
未曾續寫。年老體衰力亦微，此如何如何。

吳闓贈箋

1960

說。三日來以枯坐無憀，臨得北碑《張黑女墓誌》一本。文旌如能北來，當檢出相贈。但亦非得意之作，閣下如不以爲醜，便可携去。草草不盡欲言。專覆，即頌冬祺。　顧隨頓首　十二月廿一日

内子祔筆，問桂貞侄及令郎、令嫒俱好。　又及。

說〻言東〻以枯生兼懷臨乃北碑 此宜也墓誌一本

文旌也致此本嘗於〻生和贈但亦非自意之作

閣下也定以為醜便〻乃携去並〻表示恥〻之意 一靈恐〻故

念耳 敬頌春安 十二月廿日

丙子樹兄筆閣

桂生侄及〻郎〻〻媛〻均好

文瓞

亞閣牋箋

宗禹：今夜我們吃舊年夜飯，慕法一家冒雨來到，我料你也許會來，更加鬧熱，正午接到你快信，知你已約閬仙，年前不會來了。寫告諸事如下：

（一）官家事總免不了官氣，忍受些，利用他們一下，也是『枉尺直尋』之計。不求必成，且靜候其答復，聽其自然可也。

（二）太夫人暫返西安，等你到得下江，事業有頭緒後，再接請來。也是辦法。令兄嫂皆孝順，你可放心。老太太爲你前程計，亦必欣然就道。行期遲早，我以爲無甚關係。你不須顧慮太周到。我想，不會有人笑你因賦閒而拋棄母親的。因爲有兄嫂來接。照普通家庭辦法，老太太跟兄嫂是常例，跟你是特例呀。

工資亦不給，稱到城再說。

（三）二工人既日常在店中，你自任『工人』畢竟太辛苦且不便，

1898

136

豐子愷

1898—1975

浙江桐鄉人。畫家、文學家、美術和音樂教育家。著有《緣緣堂隨筆》等。

玉版十三行

宗貴宗貴，今夜我請你吃年（舊）夜飯，著你一家冒雨來到，料
料你也許會來，更加鬧熱，正午接到你快信，知你已向
他們拜年，所以不會來了。寫告諸事，說下下
（一）你家事宜急不了，要忍氣忍受些，利用他們一下，也是
權且直見學之計。不求必勝，且靜候其勢變，所其自
然可也、

（二）太夫人（暫）返西安，等你到了下江，事業有頭緒後，再接請
來。■■■■■也是辦法。令兄嫂皆孝順，你可放心。
老太太為你前程計，亦■必能欣然就道。行期遲早，雖
以為無甚關係。你不須顧慮太周到。我想，不會有人
笑你因職而拋棄母親的。因為有兄嫂來接。照
普通家庭辦法，老太太跟兄嫂是常例，跟你是特
例呀。

（三）二工人陪日常在家中，你自任工人之事，畢竟太辛苦且不便、（工資亦不給，我到城作陪、）

北泉山館監製

1975

年初叫小杜到城，如何？小杜前日，實因畫展時餓了十天之故，並非全然不能吃麵，況你短期，我自對他説妥，叫他暫來幫你。我這里很得用他。但暫去幾時無問題。

（四）送張純一老翁畫，我想向蔡介如先生處箱中寄存畫（共有字畫十餘件）中取一幅《唯有君家老松樹》（裱好的），較爲好看。因近來爲還畫債，筆已畫膩，强畫不好看。不過該畫須等我入城題欵。

霪雨送歲，日伏小屋中還畫債，無聊之至，反有一種『荒村苦雨』之詩趣，他日回想，當更美化。昨日歐陽來，送來國幣廿五萬。（共四十四萬，前收五萬，今收二十五萬，尚欠十四萬。）虎口餘生，倘來之物。不知你的損失有否撩回若干？我們可謂『同病相憐』。餘後述，即問

年安。

子愷頓首　舊廿九日

年初叫小杜到场，如何？小杜前日，实因连展十天之故（时间耽误了），并非全然不能吃麵，说你短期，我自对他说要，叫他暂来帮你。[illegible]外边里很得用他。他暂去第时能胜题。回这张绝老写画，我想回台湾蔡先生处箱中字轴画（共有字画十几件）中有一幅「唯有君家老松树」（补如上图），换为好看。因这来为还画债，笔上画账，随画不好看。不过这画价等我大概题款。

「灌雨送蔽」，日伏小屋中还画债，先聊之画，又有一种「荒村芳雨」之诗趣，他日回想，当更美化。昨日欧阳美这来回廿五万。（共卅万，前收五万，今收廿万，尚欠十四万）虎口余生，留来之物。不知你的换先有否[illegible]换回若干。新仙兔有「同病相怜」。请你交述，向问新安。

子恺 叩

旧廿五日

北泉山館監製

宗禹仁弟：兹有浙大校友鍾、張、昌、宋四君（另坿履歷），因原任萃文中學遷回安徽不帶走教師，故欲在渝另覔教職。范中陽先生爲潼南縣中物色教師，如未有定，此四君均可推薦。今特請其持函前來面晤，乞轉請　范先生談洽可也。順頌

冬祺。　　　小兄子愷叩。一月廿五日

在城十餘日，歸來甚疲，今日始恢復。之佛册子已送來，今托來人帶奉。鷩前日起生蛋，隔日一個，已生三個。你前所談事結果如何？念念。内子等游南温泉，時在陰曆正月初，除年前不再有人入城矣。

玉版十三行

宗禹仁弟：兹有我大校友鍾、張、吕、宋四君，（另附履歷）因原任萃文中學遷回安徽，不带走教師，故欲在渝另覓教職，范中陽先生为溧南勃中物色教師，故來有空，此四君均可推薦，今特请其持函前來面晤，乞轉请范先生設法予以接收，顺頌

冬祺

小兄 子愷叩 一月廿二日

在城十餘日，歸來甚疲倦，今日始恢復。立備册子已送來，今托來人帶奉，轉前日說生壁，隨日一月已生三月，你前所談事情果如何？念念。内子等游南溫泉，時在陰曆正月初，除年前不再見人了大城矣。

得十一月十五日書，置案頭，初不擬歷久不覆也。而因循未檢及，忽忽又得之書中，屈指已兼旬矣。老態顢頇可想。比日尊體想蚤健復，忙於從公想如舊。轉瞬新年，想能得幾日休息。來書改還。『隨杖』二字不妥。『頻煩』不可用『艸木蕃盛』之『蕃』。『呈夫子

1898

137

吴玉如

1898—1982

名家琭，字玉如，號茂林居士。

安徽涇縣人。

學者、書法家。有《吴玉如書法集》等。

得十一月十五日書，置案頭，細示擬
歷久不覆也，而因循未檢及，息息又得
之書中屢指已無句矣，老態蒲
頹而衰之狀，皆著體，衰健恨於
從之於如舊，轉瞬兩年，想能如
每日休息。大書陡壁隨杖二字不妥，
頗頗不可用，此未嘗識之舊。平之大兄

1982

釋文

大人一瞥』句末二字亦不妥，『呈夫子過目』或『呈夫子一閱』皆能用，『一瞥』則不能用，過風景區走馬看花謂之『一瞥』也。自與執事相識已歷數稔，人皆知執事從我讀書矣。執事又爲師範大學文學系畢業者，而執事作書劄廑得似此之筆墨，願勤自克勵，以

1898

釋文

求進益。頃一年又屆大雪，時乎時乎不再來。卯逝辰至，少壯難得，如老朽者已不足道。執事英發，前路無量，承先啓後，僕謹拭目以俟也。僕身肢尚好，今冬視客冬佳，因體力未再減也。近七十人，不求日進，能不日退便自慶幸。癸卯大雪日

迂叟付奇膺

別來不覺歷十餘日。行前一夕，爲
克昌堅約往家中晚餐，不克來辭，
於禮甚疎。　尊公當不至見責，而此
心悵悵，實難言喻。此心惟冀牡丹時再
來聚耳。學校開課，家中學生亦悉
至，一切如舊。致謝克昌一牋，望轉致。正
月瞚息即逝，歲歲年年，亦祇如此耳。
裕年吾姪侍福。　家球頓啓　正月廿四日

别來不覺歷十餘日，前一夕抵
克昌堅約往家中晚餐，不克，十弟亦陪
於禮甚疏。尊公當不至見責，而我
心悵、實難言喻也。心惟冀牡丹時再
來聚耳。學校開課，家中學生亦休
至一切如舊，致謝克昌一賤裡，轉致正
月瞻息即趨來，年年亦祇如此耳
拜年並好 侍福 家孫頓首 曾 頓首

曾子芸瓜而誤斬其根。曾皙怒，援大杖擊之。曾子仆地，有頃蘇，蹷然而起，進曰：『曩者參得辠於大人，大人用力教參，得無疾乎？』退屏鼓琴而謌，欲令曾皙聽其謌聲，令知其平也。孔子聞之，告門人曰：『參來，勿内也。』曾子自以無罪，使人謝孔子。孔子曰：『汝聞瞽叜有子名曰舜，舜之事其父也，索而使之，未嘗不在側，求而殺之，未嘗可得。小箠則待，大箠則走，以逃暴怒也。今子委身以待暴怒，立體而不去，殺身以限〔陷〕父，不義不孝，孰是大乎？汝非天子之民邪？殺天子之民，辠奚如？』以曾子之材，又居孔子之

曾子芸瓜而误斩其根曾皙怒援大杖击之曾子仆
地有顷苏蹷然而起进曰曩者参得罪于大人大人用力
教参得无疾乎退屏鼓琴而歌欲令曾皙听其歌声令
知其平也孔子闻之告门人曰参来勿内曾子自
以无罪使人谢孔子孔子曰汝不闻瞽叟有子名曰舜舜之
事瞽叟也欲使之未尝不在侧求而杀之未尝可得
小箠则待大箠则走以逃暴怒也今子委身以待暴
怒立体而不去杀身以陷父不义不孝孰是大乎汝非天
子之民邪杀天子之民罪奚如以曾子之材又居孔子之

門，有罪不自知，處義難乎？伯俞有過，其母笞之，泣。其母曰：『它日笞子，未嘗見泣。今泣，何也？』對曰：『它日俞得辠，笞嘗痛，今母之力不能使痛，是以泣。』故曰：父母怒之，不作於意，不見於色，深受其辠，使可哀憐，上也；父母怒之，不作於意，不見於色，其次也；父母怒之，作於意，見於色，次〔下〕也。

右《説苑·建本》二則。日前與言故，寶兒知之而不能體之，汝不知之而能爲母子解紛，我心思之彌慚也。讀書貴能體而行之耳。　　裕年世講　家琭手泐

廿八日

門弟子罷不自知其義耶乎　伯俞有過其母笞
之泣其母曰他日笞子未嘗見泣今泣何也對曰他日俞
得罪笞嘗痛今母之力不能使痛是以泣故曰
父母怒之不作於意不見於色深受其罪使可
哀憐上也父母怒之不作於意不見於色其次也
父母怒之作於意見於色下也
右說苑建本二則日前與之言於寶兒其事而不能
辯之所不知之而能為君子能給我以思之備悔
也讀其書殆幾以訓之乎
裕年吾鑒　家孫
廿六日

1982

釋文

三日接讀手示，因適發一書，故未即復。數日來既無警報，乃得燕然息養。然一念及汝之案牘勞形，苦逸不等，彌覺愧憾於心也。九日之集，殊難預定參加與否，須俟臨時觀望氣候。吾倘不往，汝犹能來，當甚歡迎也。頃得張書旂由港來書，言將於月之十一日乘輪西渡，并謂王濟遠亦同舟以赴，且知徐大師亦於近日動身。想此輩藝人，咸不勞跋涉，遠渡重洋，名義上固爲國家宣

1899

138

蔣碧薇

1899—1978

原名棠珍，字書楣。

江蘇宜興人。著有《蔣碧薇回憶録》。

三日接讀手示，因適發一書，故未即復。數日來既無警報，乃得燕然息肩。然一念及汝之案牘勞形，勞苦逸不當，彌覺愧憾於心也。九日之集殊難預定，參加與否，須俟臨時看氣候如何而行。汝姑俟來，當甚歡迎也。頃得張書旅由港來書云將於月之十一日乘輪西渡，并謂王濟遠亦同舟以赴，且知徐大師亦於近日動身。於此舉藝人咸不勞跋涉，遠渡重洋，名義上固為國家宣

衛人感齊恩 瓊琚未容報

揚文化，募欵救生，實則都爲名利争逐，并逃避後方艱難恐怖之生活。吾爲是論，要亦不免刻薄，倘使外人聞之，不特有傷彼等體面，且將引起私人仇恨也。重大於前晚開到憲兵數十名，嚴守校門，出入咸須通行證，大概先行解散，再事整頓。聞廣西大學校長已因被打傷重逝世。學風如此，誠可哀也矣。匆此，敬候

秋安。

雪叩上 卅、九、六

揚又佗募款救生實則都為名利爭逐并
逃避從前艱辛恐怖之生活多為是論要
亦不免刻薄使外人聞之不特有傷彼等
律由且將引起私人仇恨也事大抵於晚間
列憲兵數十名嚴守校門出入咸須通行証
大概先行解散再事整頓聞廣西大學校長
已因被打傷事逝世學風至此誠可哀也矣
匆此敬候
秋安
雪叩上 卅、九、六

衛人感齊恩　瓊琚未容報

你說你愛我的程度，比我愛你要高幾百倍。我听了很慚愧，因爲這確是事實。我自己也曉得我是不值得你这樣用情的！可是你要知道，我生來是理智富於情感的人，所以我無法完全沉迷於熱愛之中而置一切不加思索，這也就是我苦痛的由來！不過你應該相信，我已是儘我所有的愛，完全給了你，難道你還能責備我愛你不够嗎？我自問虛榮心是有的，但從來不曾羡慕富貴，凡是能令我敬仰的，大致是些有學問道德或是有特殊才能的人，而這些人，衹能教

你说你爱我的程度，比我爱你要高几百倍，
我听了很惭愧，因为这确是事实，我自己也晓
得我是不值得你这样用情的，可是你要知道，
我生来是理智富于情感的人，所以我无法完全
沉迷于热爱之中而置一切不加思索，这也就是
我苦痛的由来！不过你应该相信，我已是使我
所有的爱，完全给了你，难道你还能责备我爱
你不够吗？我自问虚荣心是有的，但从来不为
羡慕富贵，凡是能令我敬仰的，大致是些有学
问道德或是有特殊才能的人，而这些人，祇能教

我敬仰崇拜，却不能令我生愛。所以我敢説我平生除你而外，實未嘗愛過任何人，以後則更不會再遇見比你還教我心折的人，這一点，我想以你這樣聰敏的人，一定可以了解我不是说假話。那麼你就更不能再責備我愛你不深了。我每常受理智的影響，就覺得自己所做的事之錯誤，这時候内心就會反動起來，要想打破一切聯繫，躍出火坑，恢復我無羈之心。無奈意志太薄弱了，総下不了这種决心!!到反而弄得自己苦惱，連累你也苦惱，并且還引起你懷疑我愛你不深！這種情形，也不知有過多少我教你崇拜，却不能令我生爱，所以我敢说我平生除你而外，实未尝爱过任何人，以后则更不会再遇见比你还教我心折的人，这一点我要你这样聪敏的人，一定可以了解我不是说假话，那么你就更不能再责备我爱你不深了，我每常受理智的影响，就觉得自己所做的事之错误，这时候内心就会反动起来，要想打破一切联系，跳出火坑，恢复我无羁之心，无奈意志太薄弱了，总下不了这种决心!!到反而弄得自己苦恼，连累你也苦恼，并且还引起你怀疑我爱你不深！这种情形，也不知有过多少次了，而結果仍是毫無辦法，可見自己是多麼没有勇氣和缺乏能力！！

你女兒的病體，我希望你不要太爲她憂慮，也許聽她自然一点，慢慢到會强健起來，萬一而有不幸，那也祇好説是天命，講人力你們不是盡了一切的心嗎！！十四日那天，假如你没有特別要事，能來此一叙，當然我很高興，不過我得説明，不准你買任何東西來，倘使你願意送我一樣我所心愛的物事，那麽就請你買一束牡丹或芍藥來，這比任何禮物都强，我希望你能照辦。祝你康樂　雪敬上 卅一、四、九、燈下次了，而结果仍是毫無办法，可见自己是多麼没有勇氣和缺乏能力!!!

你女兒的病呢，我希望你不要太為她擔憂，她也许听她自然一点，慢慢，到会強健起来，萬一而有不幸，那也祗好说是天命，请人力你们不是尽了一切的心嗎!!!

十四日那天，假如你没有特别要事，能来此一叙，當然我很高興，不過我得說明，不准你買任何东西来，倘使你願意送我一樣我所心愛的物事，那麽就請你買一束牡丹或芍藥来，这比任何礼物都強，我希望你能照办，祝你康樂

雪妝上 卅一、四、九、灯下

葉秋賢仲：十二日書誦悉。摹篆清
整可觀，省其所臨，即申屠氏本，『脩（修）』
合于秦金石刻辭，
『泰（太）』二字皆與史异，可證三行爲
頌文結末，與槎浦本無関。伊立勳
爲伊秉綬之子，行輩年代較晚，
《書林》仍擬一觀。
或不須采入拙文中，却可想見鄧
翁所臨亦是申屠本也。端、羅二氏
絶口不提此本，似亦頗可异。近又從

1900

139

俞平伯

1900—1990

原名銘衡，字平伯。浙江德清人。作家、古典文學學者。著有《燕知草》《紅樓夢研究》等。

葉秋吴仲：十二月廿日书诵悉，摹篆清
整可觀者，至所論即申屠氏本修（修）
泰（太）二字〔合于秦金石刻辭〕皆與史异，才證三行為
頌文結末，與樸浦本無關。伊立勳
為伊秉綬之子，行輩年代較晚，
或不須采入拙文中〔「书林」仍擬一觀〕，都可想見邪。
前所論亦是申屠本也，端、羅二氏
絕口不提此本，亦〔似〕頗可异，近文人

謝剛主先生處借得原刻本《履園叢話》，檢此條文字無異，其卷數爲第九，亦可補入文中。近學習甚忙，除星期日外，上午均不在家，下午無事，希隨時惠臨。雙鈎本裝有副頁，如乘興爲題寫數行，固所願也。

悤悤不一，即候

文祺。　平伯頓首　二月十五日

謝剛主先生：

雯借得原刻本《履園叢話》檢此条文字無異，其卷數为第九云。已補入文中。近学習甚忙，除星期日外，上午均不在家，下午無事。希隨时惠臨。《双鉤》本裝有副頁，以乘興為題數行，固所願也。匆匆不一，即候

文祺

平伯

二月十五日

釋文

琪樹光閬苑，薰絃奏景韶。優游鳳池客，
早退鷺班朝。湖上風流賀，山中宰相陶。
紫芝涵道性，白鶴養雲標。觀化翻棋刼，
看時漸燭調。桂蘭争秀發，泉石愈清漻。
國步屯蒙際，東夷寇盜驕。蒲輪徵大計，
玉塵拂狂潮。德業存匡復，仁風播俚謡。
西山滋叠翠，南極麗層霄。眉壽稱周咒，
賓筵侍漢貂。守神猶柱史，結契屬松喬。
會覩雲臺盛，無妨越舸遥。峨嵋開瑞色，
玄圃蒔新苗。晚效封人祝，深慙泛梗飄。
天爲錫純嘏，奕葉琰瓊瑶。

勤士前輩先生七秩榮慶。

後學滕固拜祝 滕固（朱）

鈐印

1901

140

滕固

1901—1941

字若渠。江蘇寶山（今屬上海）人。

美術史家、作家。

著有《中國美術小史》等。

琪樹光閬苑薰絃奏景韶優游鳳池客
早退鷺班朝湖上風流賀山中宰相陶
葉芝涵道性白鶴養雲標觀化翻棋叔
看時漸燭調桂蘭爭秀發泉石愈清漻
國步屯蒙際東夷寇盜驕蒲輪徵大計
玉鑾拂狂潮德業存匡復仁風播俚謠
西山滋疊翠南極麗層霄眉壽稱周兕
賓筵侍漢貂守神猶柱史結契屬松喬
會覯雲臺盛言妨越舸遙峨嵋開瑞色
玄圃蒔新苗晚效封人祝深慙泛梗飄
天爲錫純嘏奕葉奐瓊瑤

勤士前輩先生 七秩榮慶

後學滕固拜祝

荆花館主徵文牋

慎之先生大鑒：往侍胡綏之年丈，得聞

左右學問湛深，箸述鴻富，輒心向往之。正欲求丈作介通問，而丈旋即

世，用是耿耿。兹敢冒昧貢箋，幸賜垂教。丈於戊寅之秋，欲將生平箸述命助校寫，商榷綦詳，以隆求食海上，返里時少，忽忽未遂。庚辰春末，丈精神驟覺衰頹，不图至夏遽歸道山，遺命以遺稿見託，而等身述作，叢殘殊甚，蓋孜孜矻矻，耄學不倦，故尚無定本。隆以息壤在彼，義不容辭，爰將先行編次，次繕寫，次募欵，次付印。卷帙繁重，程功浩大，恐非歲月可期，則擬先將文集付印，盖爲丈學術之總匯，尤爲世所欲得快讀者也。前年同縣曹君直世丈元忠遺稿零落，隆爲掇拾於灰燼之餘，悉心釐訂，成《箋經室遺集》二十四卷，經史考據，旁及醫算

141

王欣夫

1901—1966

名大隆，字欣夫，號補庵等，後以字行。

江蘇吴縣（今蘇州）人。

古文獻學家。著有《文獻學講義》等。

慎之先生大鑒往侍 胡綏之年丈得聞

左右學問湛深著述鴻富輒心向往之亟欲求丈作介通問而丈旋卽

世用是耿耿茲敢冒昧賣箋幸賜 垂敎丈於戊寅之秋欲將生平著

述命助校寫商榷慕詳以陸求食海上返里時少忽忽未遂己卯庚

辰春末丈精神驟覺衰頹不圖至夏遽歸道山遺命以遺稿見託而

等身述作叢殘殊甚蓋孜孜矻矻耄學不倦故尚無定本陸以息壤

在彼義不容辭爰將先行編次次繕寫次募款次付印卷帙繁重程

功浩大恐非歲月可期則擬先將文集付印蓋爲丈學術之總滙尤爲

世所欲得快讀者也前年同吳縣曹君直丈元忠遺稿零落陸爲掇

拾於灰燼之餘悉心釐訂成箋經室遺集二十四卷經史考據旁及醫算

詞章，無所不備，聲價不在《潛研》《孯經》之下。更募集三千金，既付手民。而年丈遺集，如驂之靳，亦將援例圖之，敬乞資助於當世賢豪。惟丈久要之交，莫過於執事，必可鼎力相助，登高而呼，俾底於成。况大箸《三國志集解》序言爲丈絶筆經意之作，二書固相得益彰。此則隆所惓惓於左右者也。大箸聞已出版，敬求惠施一部，以資盥誦，丈所作序原稿不完，必得尊箸以資校補。不勝感幸。謹奉拙輯《思適齊書跋》《勞氏碎金》《己卯叢編》各一部乞教。《叢編》之輯已歷七年，係集資所成，别詳簡章。今《庚辰叢編》即將出板，如蒙贊助，尤所歡迎。專布，祗請箸安。並候賜覆是幸。晚王大隆頓首 辛巳二月八日

詞章無所不備聲價不在潛研揅經之下更募集三千金既付手民而年丈遺集如驂之靳亦將援例同之敬乞資助於當世賢豪惟丈久要之交莫過於
執事必可鼎力相助登高而呼俾底於成況 大著三國志集解舉序言為文絕筆經意之作二去園相得益彰此則隆所懷々於
左右者也 大著聞已出版敬求 惠施一部以資豐誦 丈所作序原稿不完必得 尊著以
補 資校 不勝感幸謹奉拙輯思適齋書跋勞氏碎金己卯叢編各一
部乞 教叢編之輯已歷七年係集資所成別詳簡章今庚辰叢
編即將出板如蒙 贊助尤所歡迎專布祗請
著安並候 賜覆是幸 晚王大隆拜

辛巳二月八日

釋文

先生鈞鑒：昨奉
手諭，於狂瞽之説
獎勉有加，曷勝感奮。私意欲仰體
尊旨，輯一能表現各家面目、網羅三四千首之詞選，以
賅其全。別就鄙見，成一簡編，以附於張、周二氏之遺則，
闢一蹊徑，二者並行，略如曾氏《雜鈔》，并附填詞簡譜，
以便來學。倘非
先生之誘導，何能及此？當竭駑駘以赴之耳。日前

1902

142

龍榆生

1902—1966

名沐勛，字榆生，號忍寒居士等，晚年以字行。江西萬載人。古典文學研究家、詞人。著有《詞學十講》等，編有《唐宋名家詞選》等。

先生鈞鑒　昨奉
手諭於狂瞽之說
獎勉有加曷勝感奮　私意欲仰體
尊旨輯一能表現各家面目網羅三四千首之詞選以
賅其全別就鄙見成一簡編以附於張周二氏之選則
闢一蹊徑二者並行略如曾氏雜鈔并附填詞簡譜
以便來學倘非
先生之誘導何能及此當竭駑駘以赴之耳日前

鈞諭，謹當酌改付刊。

尊旨選詞不可限於四五家，以自隘門户，此誠足爲

歷來選家之鍼砭，敬當奉爲圭臬。兹更參酌浙、常

二派，以及近代王、朱、鄭、況之説，鄭氏有《宋十二家詞選》，草目取珠玉、六一、子野、耆卿、東坡、小山、淮海、清真、方回、稼軒、白石、夢窗，惜未成書。草擬選詞計畫，附求

指導，以便著手進行。草野顓蒙，諸祈

曲宥。不勝惶恐。祗叩

鈞安。

晚學龍制沐勛頓首　三月二十五日

鈞諭謹當酌改付刊

尊旨選詞不可限於四五家以自隘門户此誠足為

歷来選家之鍼砭敬當奉為圭臬茲更參酌浙常

二派以及近代王朱鄭況之説 鄭氏有宋十二家詞選草目取珠玉六一子野耆卿東坡小山淮海清真方回稼軒白石夢窗惜未成書 草擬選詞計畫附求

指導以便著手進行草野顓蒙諸祈

曲宥不勝惶恐祇叩

鈞安

晚學龍制沐勛頓首 三月二十五日

蟄存兄：近時久缺箋候爲歉，想兄仍在兩校兼課，亦忙。暑假中計劃完成之翻譯如何？王了一處，以前照來示所説告之，其後得一覆書，始悉彼返校後見中文系舊生只剩五位，因此也不能有什麼新計劃了。弟竟未抽暇奉告，亦可笑也。如今京中小米價落，經濟頗窘。應雷夫婦於上月底來京游玩，旬日返滬，聽聽還是上海待遇好些。弟今年雖得休假，但爲幾件編輯工作纏住，又困于經濟，不知何日能回南一次。雖免除教課，其忙略不减，又因胃病之故，不耐多伏案工作，心思散漫。其中有文化部藝術局委託《唐詩選》一種，列入『古典文藝叢書』，限期完成，而注手缺乏。惜兄等不在京，否則幫忙合作，極爲愉快，如今則但成爲一種工作，興味亦乏。叔湘來此後，漸漸擺脱開明，稍得清閒。近時校外校内又勉强他做些義務工作。居在近鄰，常常閒談，稍解愁悶。微昭於赴蘇前來一信。又育琴、聲越公子，皆在今年考入清華，來此入學。匆匆不盡。有可談否，暇乞惠教。敬頌

秋安。

弟江清頓首　中秋節後二日

143

浦江清

1904—1957

字君練。江蘇松江（今屬上海）人。

古典文學研究專家。有《浦江清文録》等。

蟄存兄：近時久缺通候為歉，想兄仍在兩校兼課，亦甚忙。暑假中計劃完成、、翻譯如何？王了一處，以前所來來所說告之，其後仍一程書，於去年從此校的兄中文系來只剩三位，因此也不能有什麼新計劃了。今完全細細告，亦可笑也。此今京中尚米價落，經濟略窘。雷夫婦於上月底來京游玩，向日返滬，聽之已至上海待遇好些。今今年能得休假，但為幾件編輯工作所羈絆，又因手頭經濟，不容許回南一次。組內亦講授課，甚忙略不減，又因胃病之故，不耐多做案頭工作，心思散漫。其中有文化部藝術局委託《唐詩選》一種，列入古典文藝叢書，以期完成，而經手缺人。惜兄等不在京，否則幫忙合作，極為愉快，如今則作成為一種工作，無味乏之。叔湘來此後，漸漸擺脫開明，結束清華。近時校外校內又免除他做些義務工作。居在近鄰，常常面談，稍解寂寞。微昭相當前來一信。又言楚辭越公子，皆在今年考入清華，來此入學。無、不盡，有子談否，暇乞　惠書。敬頌

秋安。

弟江清上

中秋節後二日

釋文

魏昆同志：來示具悉，逐條奉復如下：

（一）《文匯·筆會》尚未發表《脞録》關於對聯一文之事，不知其故，可能不同意我的觀點，他們有選擇之權。未在他處發表過。（二）王平孫不可能詳細瞭解當時情況，其所舉國專分校教授，不止聯一人，如夏承燾、郭紹

1908

錢仲聯

144

1908—2003

原名萼孫，字仲聯，以字行，號夢苕。

江蘇常熟人。

古典文學學者。著有《人境廬詩草箋注》等。

魏昆同志：来示具悉，逐条奉复如下：

下、文汇笔会尚未发表胜利关于对联一文之事，不知其故，又能不同意我的观点，他们有选择之权。未在他处发表过。

2、王辛笛不可能详细了解当时情况，其所举国书分校教授，不止眼一人，如夏承焘、郭绍虞、姚鵬圖、郝立權、原齊魯大學中文系主任。吴丕績、蔣伯潛教授等甚多。不足大驚小怪。（三）一九八五年唐先生紀念堂王先生撰聯事，我并無詩文紀其事，我無每事插手之理。（四）《雙照樓詩》木版已不易得，我處所有乃香港影印洋裝本。此等書不捐亦不出借，且不知混在那些書堆中。（五）《石遺室詩話》，我已標虞、姚鹏图、郝立权（原齐鲁大学中文系主任）、吴丕绩、蒋伯潜教授等甚多。不足大惊小怪。3、1985年虞先生纪念堂王先生撰联事，我并无诗文记其事，我无每事插手之理。4、双照楼诗本版已不易得，我处所有乃香港影印洋装本。此等书不捐亦不出借，且不知混在那些书堆中。5、石遗室诗话，我已标點整校，交與出版社發排去了。

匆復，即候

冬祺。

又：你問我何時在國專任課，我自甲戌秋起任國專（全面抗戰於丁丑秋爆發）教授，在無錫本校。以後連續在廣西總校、上海分校任教。

点整校、交与出版社发排去了。

匆复即候

冬祺

又：你问我何时在国专任课，我自甲戌秋起任国专（全面抗战於丁丑秋爆发）教授（在无锡本校）以后連续在广西总校、上海分校任教

釋文

劍鶴兄：多日未晤教，想近況定皆吉羊如頌。前借 兄有關《紅樓夢》資料數頁，茲已用畢，特隨函附

1909

145

吴恩裕

1909—1979

筆名惠人、負生。生於遼寧省西豐縣。政治學家、法學家、《紅樓夢》研究專家。著有《曹雪芹叢考》等。

釋文

上，即希查收，並敬致謝意。兄近搜書有何新創獲否？念念。匆頌近安。

弟吴恩裕

十二月二十五日

釋文

伯鷹吾兄惠鑒：久不通訊，所懷萬耑。用以下斈期應浙大之聘，於七月終離青南下，同舟石蓀先生全家歸蜀。此公將主川大教育系，服務故鄉，勝爲客卿遠矣。用則留滬一月，租室一間，可以偃蹇，俟九月開斈，方赴杭也。北平陷落後，曾電

146 章用

1911—1939

字俊之。湖南長沙人。數學家。

章士釗之子。

著有《陽曆甲子考》等。

釋文

問家人平安，覆電囑勿念，差堪告慰，知注以聞。去青時黄公渚兄託代致吾兄畫一幀，日内當郵上。時局如何，在京所聞或較詳贍，祈就便示知一二爲荷。不宣，此叩

暑祺。

弟用頓首 八月九日

上海法租界吕班路二五六弄二號

釋文

維深五哥如晤：何澐同志蒞京會演，承惠臨探視，又蒙携來厚貺藕粉、茶尖，知吾兄不時以弟爲懷，翹望南天，縈念之情，正復相若也。前者啟兄元白輾轉收到陳達同志刻竹，喜出相示，弟亦愛其精能。爰思陳子與兄同在福州，曷不介紹就近求教？迨與世兄道及，始知原出吾

王世襄

147

1914—2009

字暢安。北京人。學者、文物鑒賞家、收藏家。

編著有《明式家具珍赏》《錦灰堆——王世襄自選集》等。

維溪五哥如晤：何滙同志蒞京會演，承
惠臨探視，又蒙携来
厚貺藕粉、茶葉，知吾
兄不時以弟為懷，翹望南天，縈念之情正
復相若也。前者啟先元白賬轉收到陈达
同志刻於嘉玉相示，弟亦愛其精能，爰
思陈子與
兄同在福州，屬不佞給就，并乞求
教。近與世兄道及，始知原出吾

兄門下，强將無弱兵，信不虛矣。陳子資質過人，益以閲歷實踐，定能超越前哲。顧慮及數事，擬乞轉告，或可供參攷之助。刻竹自晚清以來，每以細淺矜奇，但細至不可見，又有何藝術可言？于嘯軒輩實已墜入魔道，青年人尤須珎惜目力，不作無益之耗費。陳子有『來日方長』一印，惟必須節省目力，來日始能方長也。竹刻技法甚多，晚近似只能陰刻。吴之璠之薄地陽文，

兄门下
飛將無弱兵信不盡矣陈子資
資過人益以閱歷資淺定能超越前哲
顧慮及數事拟乞轉告或可供參攷之助
刻竹自晚清以來每以細淺矜奇但細至
不可見又有何藝術可言于嘯軒筆實已墜
入魔道青年人尤須珍惜目力不作無益
之耗費陈子有來日方長一印惟必須節
省目力來日始能方長也竹刻技法甚
多晚近似只能陰刻美之譜之薄地陽文

張希黄之留青，已無人究心。至於朱松隣祖孫之深淺浮雕竹根器物，及封氏之圓彫人物，更久成絶響。竹刻雖小技，實兼賅彫塑、繪畫兩事。專尚陰刻，則只能追求繪畫效果，而彫塑之意趣無存。故欲求竹刻面目一新，跳出窠臼，必須研習前人多種之技法。至於題材内容，則更爲重要。前人之作，多嫌陳腐，新題材新内容又須不牽强生硬，故確實不易。

法書則有　主席詩詞，想陳子已多次鐫刻矣。

張希黃之留青已無人究心，至於朱松鄰祖孫之深淺浮雕竹根器物及封氏之圓雕人物更久成絕响。竹刻雖小技，實兼賅雕塑刻绘画兩事，早尚陰刻則止能追求绘画效果而雕塑之意趣無存，故欲求竹刻面目一新，繼出窠臼，必須研習前人多種之技法。至於題材內容則更為重要，前人之作多墮陳陳，屬新題材新内容又須不牽強生硬，故確實不易。法書則有主席詩詞，想陳子已多次鐫刻矣。

器物亦須創新。扇骨已無前途，大可不刻。臂擱、筆筒視扇骨較有用武之地，今後恐更須向大件發展，如平排竹版爲屏爲挂幅等。主體雕刻却大有可爲，牙彫、玉彫往往反不如竹彫。總之，竹刻要求新發展，必須在内容、器物、技法等方面推陳出新。拉雜書之，不知吾兄及陳子以爲然否。滬上金西厓先生乃弟之四舅父，（年已八十有六，曾印《可讀廬》及《西厓刻竹》兩圖譜，不知寓目否？）爲當代竹刻第一名手，曩曾以所記《刻竹小言》付弟整理，以事因循，（業餘時間有限。）今年始全力以赴，數月後當可繕正，分爲《簡史》《備材》《工具》《作法》《述

器物亦須創新扇骨已無前途大可不刻
臂擱筆筒視扇骨較有用武之地今後恐更
須向大件發展如平排竹版為屏為挂幅等
立作雕刻却大有可為牙彫玉彫往往反不如竹
彫總之竹刻要求新發展必須在內容器物
技法等方面推陳出新推出之不知吾
兄及陳子以為然否滬上金西厓先生乃弟之
四舅父為當代竹刻第一名手（年已八十有六，曾印可讀廬及西厓刻竹兩圖譜，不知寓目否）且曩曾以所記刻
竹小言付弟整理以事因循今年始（業餘時間有限）全力以赴
數月後當可繕正合為簡史備材工具作法述

釋文

例》等五篇，脱稿後將寄呈就
正，并供同道參攷。陳子，弟頗願與通信，有
閔竹刻之文字、形象、材料亦樂爲提供也。前
代名家竹刻，不知福州尚有收藏否，如蒙見示，
何樂如之。前在幹校，偶賦小詩，皆勞動之什，
另紙録呈，聊博
一粲。自回京後，事務擾人，轉無此情懷矣。
謹此函謝，并請
道安。

弟世襄頓首　十月十一日

何澐同志又寫新劇本否？念念。

釋文

養牛

阿旋愛吃長茭白，歪角偏耽匐地青。草味薰蕕心漸識，牽來無不愜牛情。公牛名阿旋，母牛名歪角。

日斜歸牧且從容，緩步長堤任好風。我學村童君莫笑，倒騎牛背剥蓮蓬。

架竹栽籬覆草茅，爲牛生犢築新牢。但求母健兒頑碩，慰我殷勤數日勞。

初生犢子方三日，已解奔騰放四蹄。他日何當挽犁耙，湖田耕遍向陽堤。

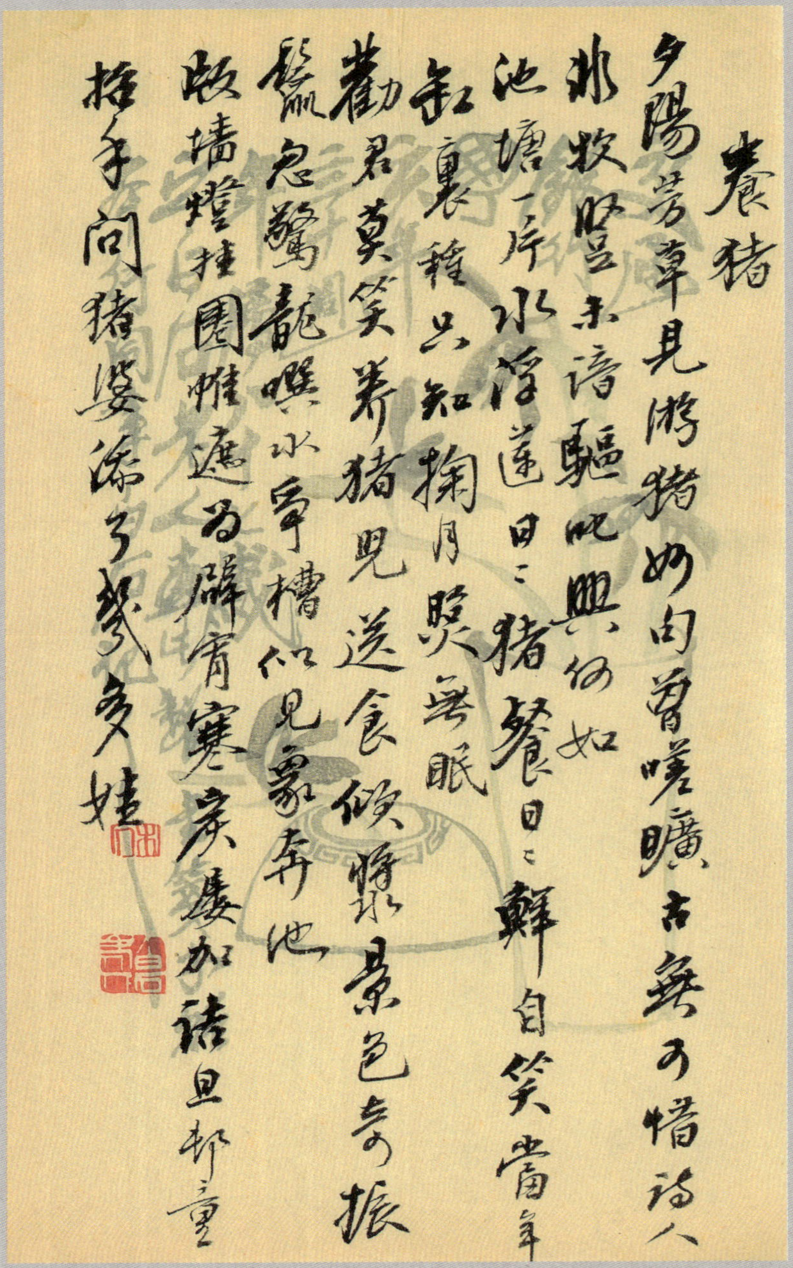

釋文

養猪

夕陽芳草見游猪，妙句曾嗟曠古無。可惜詩人非牧豎，未諳驅叱興何如。

池塘一片水浮蓮，日日猪餐日日鮮。自笑當年缸裏種，只知掬月照無眠。

勸君莫笑養猪兒，送食傾漿景色奇。振鬣忽驚龍噀水，争槽似見象奔池。

版墻燈挂圈帷遮，爲辟宵寒炭屢加。詰旦邨童招手問，猪婆添了幾多娃。

釋文

放鴨

蒙茸乳鴨戲新禾，恍若黄鸝拂柳過。今日不思柑與酒，但攜一竹踏汀莎。

浴罷春波淺草眠，又緣隄曲下湖田。往來莫笑蹣跚甚，生卵皆如稚子拳。

湖鴨斑斕似野鳧，穿荷度蓼入菰蒲。此時若問曾何憶，趙佶《池塘秋晚圖》。

殘冬水净少魚蝦，放過溪橋便轉家。鴨噪稻粱人唤鴨，一時相對叫呀呀。

釋文

往日海上有三大詩人，曰沈劍知，曰呂貞白，曰潘伯鷹。三君子不僅工於詩，並擅書法。劍知學董香光，貞白學歐，而伯鷹出入晋唐，行草法二王，楷學褚、薛，雄强瑰麗，精采逼人眉宇，其功力尤在沈、呂二家之上。側聞此三君子者均偉岸自喜，於人少許可，且均有

安亭艸閣印信長樂（白）

鈐印

周退密

148

1914—2020

原名昌樞，號石窗。

浙江寧波人。收藏家、詩人、書法家。

著有《周退密詩文集》等。

釋文

罵名，大有黄仲則『十有九人堪白眼』之概，亦它年藝林之嘉話也。伯鷹之名，初不爲滬人士所盡知。知有伯鷹，殆在抗日勝利之後。十餘年前，友人曾贈予《玄隱廬詩》一册，方欲肄業，即爲友人攘去，僅憶册内有先生集杜五律詩一編，歎其

釋文

工玅，在清孫毓汶《遲庵集杜詩》之上。所得印象，唯此而已。昨奉鳳橋先生以所藏伯鷹寫呈孤桐章公『吴門某年一歲中』之詩若干首郵寄示予，不覺棐几生光，頓還舊觀，堪稱詩書雙絶。予耄荒不學，對此名迹，唯有連聲歎服，何敢更

釋文

贅一詞。爲雜書所聞，以復於君，聊供譚助，並誌眼福云爾。

二〇〇九年六月中旬，周退密書於海上之安亭艸閣，時年九十又六

周（白）

密退（朱）

鈐印

釋文

語兄大鑒：《聽曲》一文遲遲未見
報，甚念。能推愛速見讀
者否？寧波天一閣東園與
上海東園（豫園）皆弟所設計。
附上《園記》一文，文字不多，能爲

149

陳從周

1918—2000

原名郁文，以字行，晚號梓室，自稱梓翁。
祖籍浙江紹興，生于杭州。
古建築和園林藝術專家。著有《説園》等。

釋文

一刊否？兄四明人也，鄉誼爲重，且對天一閣之宣傳亦有好處。我輩終是讀書人也。

弟從周

廿四日

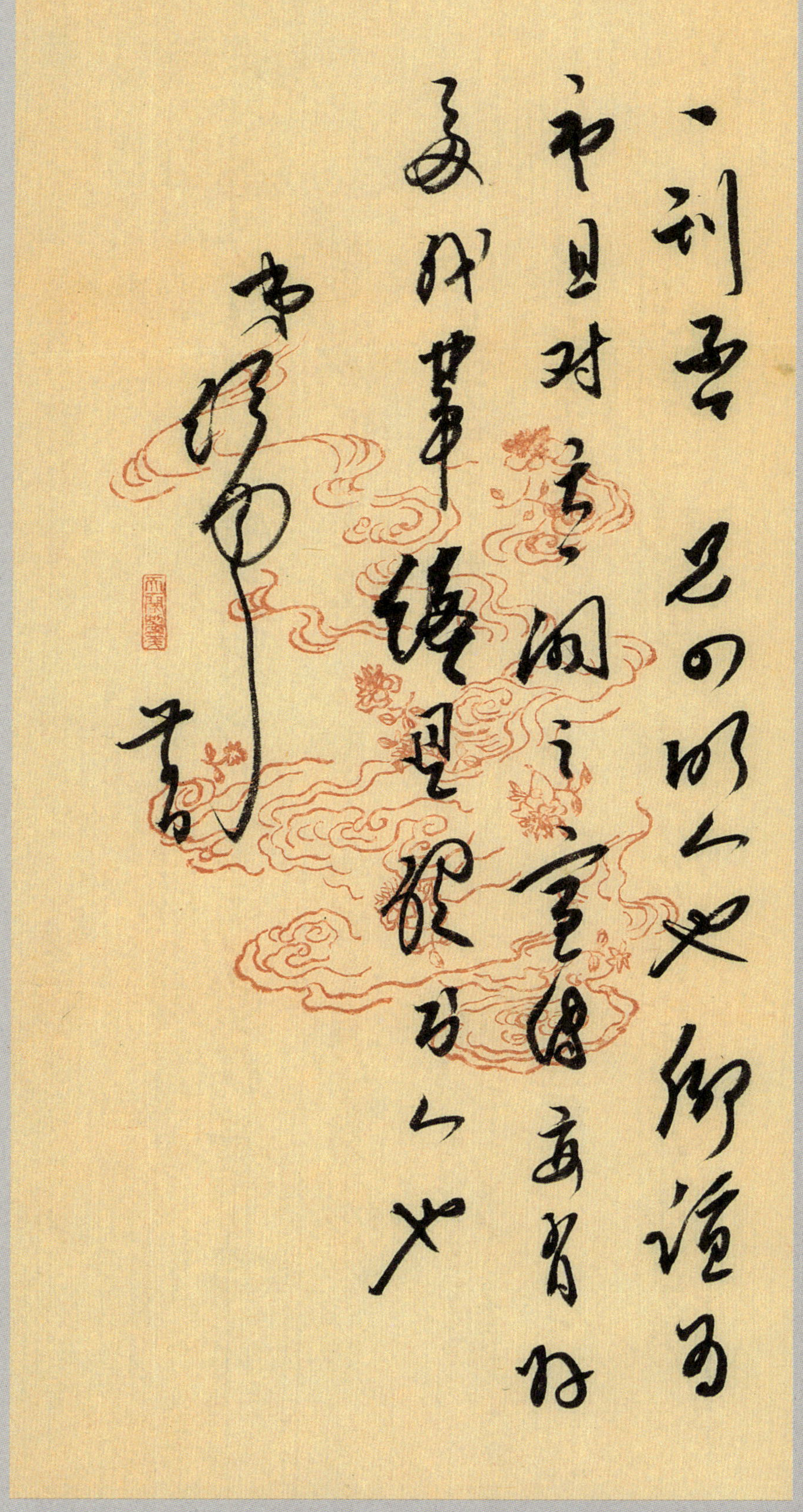

釋文

右章行嚴先生手書文藁殘葉。文中斥曹錕賄選總統事，及羣議員徇私劣迹。蓋自辛亥革命以來，北洋政府任總統者五人，皆非民選，而軍閥蠭起，若皖之段、奉之張、直之吴，下及張宗昌、孫傳芳

吴小如

150

1922—2014

原名吴同寶，曾用筆名少若。

安徽涇縣人。學者、戲曲評論家、詩人、書法家。

有《中國小説講話及其它》。

釋文

諸人，皆蠹國殘民之尤者。北伐之後，蔣氏假一黨之名，行獨裁之政。其實蔣亦不得民心之軍閥耳。故主擴内而外不禦侮，於是日寇隨之侵入矣。讀行老殘稿，真可爲之長太息也。丁亥秋日小如漫識

吴（朱）

小如（白）

鈐印

釋文

小孤桐軒主人擬輯書齋聯語，囑僕助其成。先以七言聯爲主。今就其已輯諸聯中選三十幅，並自余越園先生所輯宋詩集句聯別選三十幅，更益以僕歷年集句及所撰聯語四十幅充數，凡百聯，然後逐聯分別録於便箋以備用。小孤桐軒主人姓劉名鳳橋好學喜收藏僕嘗撰一聯贈之聯云鳳翥孤桐聲自遠橋通廣路眼常新夫輯聯事雖瑣而殊不易畢其功及觀其成固亦功德無量也戊子秋暮吴小如漫識於北大莎齋

釋文

名鳳橋，好學，喜收藏。僕嘗撰一聯贈之。聯云：『鳳翥孤桐聲自遠，橋通廣路眼常新。』夫輯聯事雖瑣，而殊不易畢其功，及觀其成，固亦功德無量也。戊子秋暮，吴小如漫識於北大莎齋。

鈐印

吴小如（朱）

莎齋（白）

釋文

四月清和雨乍晴，南山當户轉分明。更無柳絮因風起，惟有葵花向日傾。司馬温公句，鳳橋先生屬書。燕祥

151

邵燕祥

1933—2020

祖籍浙江蕭山，生于北京。

詩人、散文家、評論家。著有《到遠方去》等。

四月清和雨乍晴，南山當户轉分明。更無柳絮因風起，惟有葵花向日傾。

司馬温公句

一枕新涼一扇風画為第一程

鳳樓先生原書

燕祥

釋文

如人菊澹（白）

吾齋之中，不尚虚禮。不迎客來，不送客去。賓主無間，坐列無序。真率爲約，簡素爲具。有酒且酌，無酒且止。清琴一曲，好香一炷。閒談古今，静玩山水。不言是非，不論官事。行立坐卧，忘形適意。冷淡家風，林泉高致。道義之交，如斯而已。

右録司馬温公《真我銘》，爲來燕主人銘硯。

辛丑孟冬趙珩

珩趙（白）

外穀（朱）

鈐印

152

趙珩

1948—

北京人。出版人、學者。

著有《老饕漫筆》《舊時風物》等。

吾齋之中不尚虛禮不迎客來不送客去賓主無
閑坐列無序真率為約簡素為具有酒且酌
無酒且止清琴一曲好香一炷閑談古今靜玩
山水不言是非不論官事行立坐卧忘形
適意冷淡家風林泉高致道義之交如
斯而已

右錄司馬溫公真我銘為
來燕主人銘硯

辛丑孟冬趙珩

編後記

《紙色墨香——小孤桐軒珍藏花箋信札》是我社繼王鵬先生編的《寄梅堂珍藏名賢尺牘》之後，推出的又一部極爲可觀的藝術品收藏類圖書，書中薈萃了近現代一百五十餘位名家的約兩百通珍貴書翰。這些書翰内容豐富，形式多樣，文箋并美，皆由收藏家劉鳳橋先生苦心搜集得來。鳳橋先生多年經營，匯八方瑰寶，經精心挑選後成此巨册，使讀者得以在短時間内飽享精神大餐，收賞心悦目、增廣見聞之效。鳳橋先生其實壓根兒没想要鮮花和掌聲，但讀者的認可，必是他的快樂源泉。

衷心感謝王鵬先生讓我們與鳳橋先生以此書相識結緣。成稿後，王鵬先生復作序推薦，又幫助對接雅昌深圳公司，從掃描原件到製版印刷，全程親自出馬督辦，費心勞神，對保證圖書高品質面世居功至偉。

特别感謝中國文聯副主席，西泠印社副社長兼秘書長，浙江大學、中國美術學院博士生導師陳振濂先生在百忙中賜序。同樣感謝趙珩先生慷慨揮毫題寫書名。

還有一個團隊與多位師友爲本書的出版做出突出貢獻——

東北師範大學手稿研究中心的老師和同學齊心協力，高質量完成釋讀工作。徐强教授、王增寶博士爲此在手稿訓練營中成立專題工作坊，帶領近二十位營員，開展了四十多期活動。釋文初稿出來後，他們嚴格把關，逐字推敲校正，憑藉豐富經驗和嚴謹態度，保證了釋文的高水平。從營員們撰寫的多篇總結體會文章（刊於該中心『手稿研究』公衆號），可以見出釋讀工作的不易和他們的認真程度。

南京的宋健先生受托審訂全部書稿，殫精竭慮，解决疑難闕誤，進一步提高了釋文質量。書稿内容及文字把關等方面，遼寧人民出版社的張洪先生、遼海出版社的徐桂秋先生賜教良多。遼海出版社的馬千里先生也熱心施以援手。對大家的抬愛、襄助，我們感激莫名，一併在此致謝。

最後要説的是，手稿釋文工作難做，雖然我們已盡最大努力，但本書在一些方面仍難免存在紕漏，敬請方家不吝指正。

遼寧美術出版社

二〇二三年十月

圖書在版編目 (CIP) 數據

紙色墨香：小孤桐軒珍藏花箋信札 / 劉鳳橋編 . —

瀋陽：遼寧美術出版社，2024.4

ISBN 978-7-5314-9544-4

Ⅰ . ①紙 … Ⅱ . ①劉 … Ⅲ . ①信紙—收藏—中國

Ⅳ . ① G894

中國國家版本館 CIP 數據核字 (2023) 第 205293 號

學術支持：東北師範大學新文學手稿文獻研究中心

指　　導：徐　强　王增寶

審　　訂：宋　健　馬千里

題　　簽：趙　珩

出 版 者：遼寧美術出版社

地　　址：瀋陽市和平區民族北街 29 號　郵編：110001

發 行 者：遼寧美術出版社

印 刷 者：雅昌文化（集團）有限公司

開　　本：635mm×965mm　1/8

印　　張：77.75

字　　數：400 千字

出版時間：2024 年 4 月第 1 版

印刷時間：2024 年 4 月第 1 次印刷

責任編輯：時祥選　李　昂　張　暢

責任校對：郝　剛

書籍設計：卿　雲

書　　號：ISBN 978-7-5314-9544-4

定　　價：680.00 元

郵購部電話：024-83833008

E-mail：53490914@qq.com

http：//www.lnmscbs.cn

圖書如有印裝品質問題請與出版部聯繫調換

電話：024-23835227